A Palavra Viva de São João

White Eagle

A Palavra Viva de São João

Tradução
ELZA C. PIACENTINI

EDITORA PENSAMENTO
São Paulo

Título do original:
The Living Word of St John

Edição	Ano
1-2-3-4-5-6-7-8-9-10	95-96-97-98

EDITORA PENSAMENTO LTDA.
Rua Dr. Mário Vicente, 374 - CEP 04270-000 - São Paulo, SP
Fone: 272-1399

Impresso em nossas oficinas gráficas.

A Palavra Viva de São João

SUMÁRIO

Prefácio 9
Capítulo 1. Alma e Espírito 15
Capítulo 2. A Água e o Vinho 27
Capítulo 3. A Vinda do Salvador 33
Capítulo 4. O Propósito da Experiência 42
Capítulo 5. A Cura pelo Espírito 50
Capítulo 6. O Pão da Vida 61
Capítulo 7. O Discernimento dos Verdadeiros Valores 69
Capítulo 8. A Lei do Homem e a Lei de Deus 77
Capítulo 9. O Significado do Sofrimento 86
Capítulo 10. O Poder do Amor 95
Capítulo 11. A Ressurreição do Homem 104
Capítulo 12. A Purificação do Corpo 112
Capítulo 13. Traição e Perdão 121
Capítulo 14. "O Pai em Mim" 130
Capítulo 15. "Permanecei no Meu Amor" 139
Capítulo 16. A Vida Eterna 148
Capítulo 17. "Glorifica-me" 155
Capítulo 18. O Ato de Rendição 163
Capítulo 19. O Florescer da Rosa 171
Capítulo 20. "Não me Toques, Porque Ainda não Subi para o Meu Pai" 178
Capítulo 21. A Vida de Serviço 184
Apêndice 193

PREFÁCIO

A Palavra Viva foi publicado pela primeira vez em dezembro de 1949 e estava esgotado desde 1965; é provavelmente o mais requisitado de todos os livros originais dos ensinamentos de White Eagle, e há muito tempo tínhamos a intenção de reeditá-lo na íntegra. As palestras que o formam, baseadas no Evangelho de São João, foram proferidas por White Eagle por intermédio de Grace Cooke, entre janeiro de 1943 e julho de 1945. Pode parecer estranho que uma mensagem vinda do mundo dos espíritos com tanto amor, sabedoria e verdade mística, tenha tido como pano de fundo o tempo de guerra em Londres; o próprio contraste e a necessidade da época provavelmente geraram as verdades profundas encontradas nestas páginas.

Deve haver ainda quem se lembre saindo do *blackout* e do medo e entrando no calmo santuário onde a paz envolvia a todos, transmitindo uma sensação de segurança interior. Os que estavam presentes lembram certamente a calma, a expectativa e a voz amorosa e suave que falava com tanta autoridade; em suas mentes ficou gravado, acima de tudo, como eles conseguiam manter-se acima do conflito e sofrimento pelo poder da mensagem e do milagre da visão esclarecedora sempre realçada pela compreensão que trazia.

Os leitores talvez perguntem por que se permitiu que uma mensagem tão importante ficasse tanto tempo longe das mãos do público.

Era uma responsabilidade muito grande. Durante anos, muito material proveniente de White Eagle chegou até nós para ampliar e esclarecer os temas que haviam sido abordados; ele desenvolveu o ensinamento inicial e sentimos que numa nova edição do livro esse ensinamento deveria ser incorporado onde fosse possível. É claro que isso requereu pesquisas. Também houve uma nova organização no interesse da clareza. Por exemplo, no original, o segundo capítulo do Evangelho servia de introdução; agora ele está no lugar cronologicamente apropriado. As respostas da seção "Perguntas e Respostas" do original foram incorporadas ao texto principal – considerando-se as perguntas mais importantes – novamente com a finalidade de esclarecer. O mesmo se aplicou à matéria do "Epílogo". Além disso, quando os ensinamentos de White Eagle não podiam mais ser incorporados ao texto sem interromper o fluxo do pensamento, optou-se por incluí-los num apêndice.

Trabalhar com o manuscrito revelou-se uma tarefa de amor; à medida que os capítulos se sucediam, um após o outro, sentíamos uma suprema elevação pela sublimidade dos temas que surgiam, pelo poder redentor do espírito de Cristo no dia-a-dia da vida do homem. O invisível freqüentemente tornava-se muito próximo. Houve um dia em particular em que o evangelho, de repente, tornou-se quase insuportavelmente vivo e imediato. Não era mais uma questão de rever os acontecimentos de dois mil anos antes e as frases de homens mortos há muito tempo; as palavras tornaram-se vivas e toda a história estava no presente, vista e sentida pelos olhos e pelo coração do "discípulo a quem Jesus amou". Ambos eram reais, humanos e amavam a humanidade de hoje. É impossível expressar adequadamente em palavras toda essa experiência, mas a lembrança disso ficará conosco para sempre.

Creio que há alguma ligação entre esta experiência e outra, da época da senhora Grace Cooke, recontada no original de *A Palavra Viva*. Vamos relatar essa história em detalhes, pois tem uma estrita relação com o assunto do livro.

Cerca de dez anos antes de a primeira palestra do presente volume ser proferida, a pedido da Irmandade Polaire (a respeito da qual o leitor pode encontrar relatos em *O Retorno de Arthur Conan Doyle* e também em *Cura pelo Espírito*, ambos publicados pela White Eagle Publishing Trust), Grace Cooke viajou com um grupo dessa irmandade até os Pirineus a fim de tentar ajudá-los, com seus poderes psíquicos, a encontrar o tesouro oculto dos Albigenses ou Cátaros. Através do seus meios mágicos de comunicação com os Sábios, eles haviam obtido a informação de que o tesouro encontrava-se enterrado sob o castelo de Lordat, mais ou menos a doze quilômetros em linha reta de Montségur, a "última fortaleza" da irmandade de *bons hommes* perseguida e massacrada. Depois lhes foi dito para procurarem a ajuda de Grace Cooke para encontrar o tesouro, e que ele seria localizado três dias depois de iniciada a busca. Desde o último massacre dos cátaros, persistiam rumores a respeito de um imenso tesouro oculto nas vizinhanças de Montségur; muitas expedições o tinham procurado em vão (mesmo considerando-se o fato de que uma irmandade que havia abjurado todas as riquezas mundanas não devesse querer acumular riquezas). Provavelmente, os Polaire procuravam um tesouro maior, um manuscrito, que revelaria o segredo perdido dos Albigenses, a substância interior da sua fé.

Eis agora a história com as palavras de Grace Cooke, conforme apareceu na primeira edição deste livro, em 1949. "Durante nossa estada, subíamos ao pico da montanha todas as manhãs (Lordat era uma pequena e elevada vila montanhosa, e o castelo ficava na parte mais alta), na esperança de sermos levados para o ponto certo das escavações iniciais... Desde o começo, ficamos fortemente impressionados pela natureza dos poderes invisíveis ao nosso redor. Houve momentos em que as forças do mal predominaram. Então... surgiu, como num sopro do céu, uma influência amorosa, gentil, pura, uma iluminação espiritual, que nos deu a certeza da presença de irmãos imortais esperando e observando. Nessas ocasiões, nos sentíamos como que sob a proteção de grandes asas brancas, guardados por um poder no qual só se acredita depois de experimentar. Embora estivéssemos... no meio de forças elementares perigosas e na companhia de mentes humanas desequilibradas (uma das quais havia criado desordens junto ao grupo Polaire, além de atacar outro), constantemente éramos lembrados, por sussurros do invisível... que Cristo é todo amor e que seu espírito tem o poder de confortar e de nos proteger de todos os males. Isso fortalecia nossa vontade de prosseguir. Muitas vezes, essa onda de luz e energia espiritual fazia com que o véu escuro entre a matéria e o mundo interior se tornasse mais tênue, de tal modo que nos encontramos na companhia dos espíritos gentis dos Albigenses, que há séculos haviam caminhado sobre aquele mesmo platô onde estávamos...

"No terceiro dia após a nossa chegada, enquanto contemplávamos ociosamente o grande panorama das montanhas sob o céu de um azul intenso, tendo a distância (o caminho serpenteava em sua direção) o antigo castelo de Montségur, minha atenção foi despertada pelo aparecimento repentino de uma forma luminosa... 'Luminosa' é a melhor palavra para descrever a aura do espírito que se tornou perceptível, mas seu jeito era tão normal quanto o de qualquer ser humano que, ao sair para caminhar, hesitasse ao topar com um estranho. Ele parecia simples, amável, e tratou a situação com naturalidade, como se fosse algo comum pessoas desencarnadas falarem com seres vivos. À primeira vista, deu a impressão de ser velho; usava uma longa barba branca e seu cabelo era prateado. Fora isso, tinha pele jovem e clara, como se houvesse uma luz brilhando por baixo da carne, e seus olhos azuis refletiam a luz de um fogo interior. Vestia-se de branco, com os trajes de alguma antiga ordem de Irmãos Cristãos, e seu porte demonstrava uma nobre humildade. "Será que é algum dos Albigenses?", perguntei mentalmente. Sim, era. Pelos gestos e símbolos provou-me que pertencia a essa antiga irmandade. Por que apareceu assim?

"Ele indicou ter vindo ajudar na busca. Contudo, explicou que nenhum tesouro material seria encontrado até que os homens estivessem prontos para usá-lo, até que encontrassem o tesouro espiritual, o verdadeiro segredo de como a natureza inferior podia ser transformada – o metal comum transformado em ouro puro. Afirmou, então, que a chave desse tesouro espiritual seria encontrada na vida e nos ensinamentos de Jesus Cristo. Falou de João, o discípulo amado do Mestre; João não tinha morrido 'como a maioria dos homens'; ele havia passado para uma vida superior num corpo de luz, da mesma forma que o seu Mestre fizera antes dele. João permanecera na Terra por longo tempo, viajando do Oriente para o Ocidente, chegando afinal a esse mesmo lugar onde meditou e entrou em comunhão com seu Mestre. O espírito falou do ensinamento místico interior que ele, João, havia transmitido a seus seguidores e que tinha sido guardado por irmandades secretas através dos séculos; esse evangelho místico era de fato a fonte e o segredo dos

Albigenses. É interessante observar a esse respeito que há uma evidência histórica unindo os Cátaros aos primeiros grupos cristãos."*

Depois de o visitante ter-se retirado para o mundo interior de onde tinha vindo, Grace Cooke "pareceu viver numa névoa de felicidade durante vários dias". Mesmo hoje, quarenta e seis anos depois, ela diz que a experiência permaneceu como uma das mais vívidas e memoráveis de sua vida. "As palavras não poderiam descrever", diz ela, "o doce e maravilhoso amor desse simples Irmão."

Quanto ao tesouro dos Polaire, jamais alguém o descobriu. A expedição não estava bem-equipada para a aventura. Por fim, a tarefa foi abandonada; aparentemente, a tentativa revelou-se inútil, e a mensagem dos Sábios falsa.

Mas foi mesmo? Foi como se o contato com esse puro e raro irmão que surgiu do que ela chamou de "a esfera de São João", tivesse trazido uma mudança permanente na consciência da médium; de fato, depois dessa experiência o trabalho de sua vida começou a tomar forma. O ensinamento começou a vir, através dela, pelo mundo dos espíritos, por meio de seu guia, White Eagle; este, gradualmente, formou a filosofia do amor que ajudou e curou almas por todo o mundo, e, segundo palavras dele próprio, "ajudou a luz do coração a crescer" em milhares de vidas. O ensinamento tornou-se uma revelação simples do cristianismo místico, que, ao mesmo tempo, transcende os limites do dogma, parecendo reunir calmamente a sabedoria do Oriente à do Ocidente.

As palestras incorporadas neste livro vieram, como já dissemos, cerca de dez anos depois e, nesse meio tempo, o encontro no platô dos Pirineus nunca foi esquecido. Já descrevemos a atmosfera que envolveu o desenvolvimento das palestras. Grace Cooke sente que elas são frutos reais de seu encontro com essa alma rara e pura vinda da "esfera de São João". Talvez eu possa acrescentar – pois pode ser valioso para a confirmação – que eu mesmo tenho a mais clara lembrança de uma visão que persistiu, enquanto ouvia as palestras, e com freqüência em minhas meditações dessa época, de um homem santificado, de barba ao lado de

* Veja o artigo de G. M. H. em *Stella Polaris* (revista da White Eagle Lodge), vol. V, semi-impressa no vol. XXVII.

uma caverna no alto das montanhas; só agora, ao estudar a história como foi contada originalmente, reconheço-o como sendo, o que eu realmente acredito, o mesmo santo do encontro em Lordat.

Todos esses acontecimentos estão contidos nos presentes ensinamentos sobre o Evangelho de São João, que deram origem a este livro; os ensinamentos, no entanto, afirmam-se por si mesmos sem a história. Que eles possam ser verdadeiros para os que lerem as palavras de White Eagle tanto com o coração como com a mente, a fim de que encontrem em seus corações esse tesouro além de todos os valores terrenos do qual o amoroso irmão falou, e o que podem trazer a vida eterna e a felicidade para todos os filhos de Deus.

Y. G. H.
março de 1979

1

Alma e Espírito

Vamos trazer uma mensagem que esperamos seja fácil de compreender [palavras de White Eagle], pois queremos, acima de tudo, ser claros e simples. Tentaremos também tornar visível a base sobre a qual os ensinamentos de White Eagle foram erigidos. Algumas vezes podem parecer paradoxais, até mesmo contraditórios, pois há muitos paradoxos no caminho espiritual. Mas deve-se ter paciência; é preciso não tirar conclusões precipitadas. No devido tempo, você encontrará uma explicação adequada para todos os paradoxos. Gostaríamos de lembrá-lo, irmão, das antigas verdades incorporadas na Bíblia; pois a luz do espírito é lançada sobre suas páginas, você descobre muitas jóias da verdade e, certamente, tudo o que o homem necessita para a sua vida aqui e além.

O livro do *Gênesis* nos diz que em seis dias Deus criou os oceanos, a Terra, e todas as criaturas sobre a Terra, nos mares e nos mundos acima da Terra; por último, Ele criou o homem à Sua imagem e inspirou em suas narinas um sopro de vida (*Gênesis*, 1 e 2). Assim o homem tornou-se uma alma viva.

Ainda existe confusão a respeito da natureza e das funções da alma e também acerca do espírito do homem. Quando o espírito vem para morar na carne, ele começa a criar o que é chamado de "alma", pois a alma é essa parte do ser humano plasmada por todas as experiências que o delicado eu interior do homem sofreu durante a encarnação. Além disso, a alma pode ser descrita como o aspecto feminino da vida humana, o princípio materno. A alma do mundo é criada pelo sentimento do mundo; a alma de uma nação compõe-se do sentimento do povo dessa nação.

No ensinamento esotérico você sempre encontrará referências à alma, representando a mãe ou o aspecto feminino da vida, o segundo princípio; o primeiro é a vontade divina, o pai, ou seja, o aspecto masculino. O *Gênesis* nos conta a história de como a mulher foi formada da região do coração do primeiro homem; enquanto Adão estava deitado imóvel, Deus formou de sua "costela" ou coração a mulher – o segundo princípio.

Devemos aprender a reconhecer a importância dessa alma, desse aspecto feminino; sem uma alma, o primeiro princípio do homem não poderia continuar a se desenvolver. Adão necessitava desse segundo aspecto para completá-lo. Ele precisou ter uma alma para ser capaz de viver plenamente. A alma dá sentimento ao ser do homem e é sua parte intuitiva. (A Era de Aquário trará à mãe, ou mulher, uma maior proeminência em relação à vida. Em outras palavras, introduzirá um desenvolvimento maior da intuição e um aumento do poder da alma entre as pessoas da Terra.)

O primeiro princípio, sendo representante do Pai ou da vontade, deve ser equilibrado pelo princípio da mãe ou da intuição. Quando há um perfeito equilíbrio e harmonia entre esses dois princípios, então o Cristo-Filho é gerado como o resultado perfeito dessa união.

Não nos interprete mal. Todo ser humano possui qualidades masculinas e femininas; numa encarnação o macho pode predominar; em outra, a fêmea. Cada alma individual passa por muitas provas, tribulações e iniciações, pelo processo no qual esses dois princípios da vontade e do amor unificam-se e harmonizam-se perfeitamente no homem e ele se cristianiza. Este é o verdadeiro significado da imaculada concepção, resultado do casamento místico entre o espírito e a alma dentro do homem.

Estamos tentando exprimir (e não é uma tarefa muito fácil) a natureza da divina Trindade do Pai, da Mãe e do Filho. Da mesma forma, queremos mostrar a necessidade dessa união entre o espírito e a alma do homem, que é a verdade oculta do ensinamento da imaculada concepção.

Foi-nos dito que Deus criou o homem com uma alma viva, mas essa alma não é necessariamente imortal, não é a parte eterna do homem. É possível então descrever o corpo da alma como uma réplica mais sutil da forma física do homem?

Essa alma corpórea tem dois aspectos: primeiro, a porção que é a ponte entre a Terra e o céu durante a vida mortal, mas que não é imortal em si, pois gradualmente desintegra-se depois da morte do corpo; segundo, a parte da alma corpórea que continua viva após a morte física, o revestimento do espírito. Isso, no entanto, só quando algo acontece, e esse algo é o despertar da vida da alma pelo sopro de Deus que torna a alma viva e ativa eternamente. *E o Senhor Deus formou, pois, o homem do barro da Terra, e inspirou nas suas narinas um sopro de vida; e o homem tornou-se uma alma vivente* (Gên. 2:7). Esta é a verdade espiritual que muitos ainda não compreendem.

Há pessoas que descobrem essa verdade em condições específicas nas quais podem receber impressões do outro mundo através da alma ou da psique, e pensam que isso encerra a questão espiritual. Não é assim. O que estão vendo é apenas um passo além do físico. É um mero contato com algo separado delas mesmas como, por exemplo, uma cadeira, uma mesa, um livro. Na verdade, elas não estão necessariamente contatando o espírito. O mundo da alma parece tão natural e sólido para os sentidos da alma quanto o mundo físico é para os sentidos físicos; a única diferença está no fato de que o mundo da alma tem uma existência separada da matéria densa. A alma pode viver nesse mundo por séculos; ainda assim, precisa de algo mais antes de poder entrar para a vida eterna. Ela precisa ser vivificada pelo sopro de Deus, pela cristianização do homem. E é exatamente dessa vivificação que trata o Evangelho de São João.

O próprio Jesus salienta essa verdade em muitos de seus ensinamentos. Ao estudar o evangelho você encontrará repetidas referências a isso, tais como *Eu sou o caminho, a verdade e a vida... Eu sou a luz do mundo... Ninguém vai ao Pai, senão por mim* (João 14:6; 8:12). Isto não foi dito por Jesus mas pelo Cristo nele. O Mestre Jesus estabeleceu um canal para a verdade divina e eterna de Cristo, o caminho.

Quanto mais se analisarem as palavras de Jesus, mais essa verdade do Cristo nele, a vida eterna, se revelará.

O Cristo é também a vida eterna em cada um de nós. É por isso que, em suas meditações, você não se deve permitir demorar-se nos planos astral ou psíquico (onde sem dúvida verá muitas coisas interessantes), mas deve aspirar ao Cristo, à Sua luz em seu coração, que é a luz do mundo, a chama viva, eterna, do amor.

(1:1-5) *No princípio era o Verbo, e o Verbo estava com Deus, e o Verbo era Deus. Ele estava no princípio com Deus. Todas as coisas foram feitas por ele; e sem ele nada do que foi feito se fez. Nele estava a vida, e a vida era a luz dos homens. E a luz resplandeceu nas trevas, e as trevas não a compreenderam.*

Gostaríamos de lembrar, primeiro, que os ensinamentos dos quatro evangelhos não devem estar confinados ao período de tempo durante o qual Jesus viveu na Terra. A verdade neles contida foi conduzida até a origem do mundo; é uma verdade eterna, repetida para a humanidade através dos tempos.

O "verbo" criativo é a luz eterna que resplandece do coração do Pai-Mãe-Deus. É Cristo, o Filho. Esta foi a luz que brilhou através de Jesus e falou por meio dele. Deus é essa luz; Deus é a luz que brilha nas trevas da Terra – não queremos dizer apenas o sol que brilha sobre a Terra física, mas a luz que está em tudo o que compreende a vida do homem na Terra. O Verbo de Deus, o Verbo místico sagrado, que era amor, tomou forma a partir do caos e criou o homem, e no homem foi colocada a semente do Cristo homem. *Nele estava a vida, e a vida era a luz dos homens* (4), o que significa que a luz nasceu no homem; ela tem estado no homem desde o começo.

(1:6-11) *Houve um homem enviado por Deus cujo nome era João. Este veio como testemunha, para dar testemunho da Luz, para que todos cressem por meio dele. Ele não era a Luz, mas foi enviado para dar testemunho dessa Luz. Essa luz era a luz verdadeira que ilumina todo o homem que vem ao mundo. Ele estava no mundo e o mundo foi feito por ele, e o mundo não o conheceu. Veio para o que era seu, e os seus não o receberam.*

O propósito da vida neste planeta Terra é esse espírito, o seu espírito, que brilhará na escuridão. O seu espírito é a luz que estava no começo: isso significa que no início da sua existência você era luz e a luz resplandeceu na escuridão – que é o seu corpo denso ou a Terra – e a Terra não a percebeu. Todo mundo está familiarizado com este ensinamento, mas não pense que isso se refere a você mesmo. Você não entende que em essência você é luz, e que era luz no começo até entrar no corpo físico, nem que esse corpo físico, e particularmente a mente mortal, não compreende a luz. Você está aqui para usar a matéria física e não para permitir que ela o domine. Você é luz e tem de brilhar através da escuridão, transmutar os átomos pesados do corpo físico pela luz interior. Os milagres acontecem quando o espírito adquire esse poder de controle sobre o corpo. O espírito torna-se tão forte na manipulação dos átomos físicos que pode utilizar qualquer um dos elementos à vontade.

Isso é feito não apenas pela mente da Terra mas pela mente de Deus. É feito por essa consciência espiritual pura que é só amor, que é espírito.

(1: 12-13) *Mas a todos os que o receberam, deu o poder de se tornarem filhos de Deus; aos que crêem no seu nome; os quais não nasceram do sangue, nem da vontade da carne, nem da vontade do homem, mas de Deus.*

Mais tarde vocês lerão no evangelho a história da mudança da água em vinho. Esses versículos se referem ao mesmo mistério, em termos simbólicos. A água representa a psique ou alma antes do poder vivificante do espírito transformá-la em vinho, em luz. Todo o ser do homem é vivificado, transformado, recebendo vida eterna pelo espírito, pela luz; essa história significa o sopro da vida espiritual no homem. Uma alma pode passar por muitas e muitas encarnações antes de ser vivificada.

Entretanto, se a alma falhar – como pode acontecer, embora raramente – na resposta à luz vivificante e decair cada vez mais, ela se tornará mais receptiva às forças negativas, ou ao que é chamado de demônio, e no final se autodestruirá. Com a destruição da alma, o espírito, que é eterno, precisará ser novamente soprado para conseguir ter novo revestimento de alma. Existe em todos nós um impulso em direção à divindade, à verdade e ao amor; este é a fonte de toda aspiração. A alma pode corresponder a esse impulso ou ignorá-lo; enquanto ele for negligenciado, a alma permanecerá nas trevas. Mas quando ela corresponder, será vivificada pela vida divina interior que lhe confere vida eterna. A alma eterna nasce, *não do sangue, nem da vontade da carne, nem da vontade do homem, mas de Deus* (do espírito divino).

(1:14) *E o Verbo se fez carne, e habitou entre nós (e nós vimos a sua glória, a glória como do Unigênito do Pai), cheio de graça e de verdade.*

O Verbo era Deus! O Verbo habitou na carne, no homem. Ele habitou na carne de Jesus, que veio para ensinar e revelar a verdade eterna ao homem.

(1:15-34) *João deu testemunho dele e clamou dizendo: Este era aquele de quem eu dizia: O que há de vir depois de mim, passou diante de mim, porque existiu antes de mim. E todos nós recebemos da sua plenitude, e recebemos graça sobre graça porque a lei foi dada por Moisés, mas a graça e a verdade vieram por Jesus Cristo. Nenhum homem jamais viu Deus; e o Filho Unigênito, que está no seio do Pai, este o deu a conhecer.*

E este é o testemunho de João, quando os judeus enviaram sacerdotes e levitas de Jerusalém para perguntar-lhe: Quem és tu? E ele confessou e não negou, mas confessou: Eu não sou o Cristo. E eles perguntaram-lhe: Quem és pois? És tu Elias? Ele respondeu: Não sou. És tu o profeta? Ele respondeu: Não. Disseram-lhe então: Quem és, pois, para que possamos dar uma resposta aos que nos enviaram? Que dizes de ti mesmo?

Disse-lhes ele: Eu sou a voz do que clama no deserto: "Endireitai o caminho do Senhor", como disse o profeta Isaías.

E os que haviam sido enviados eram fariseus. Interrogaram-no, dizendo: Como batizas, pois, se não és o Cristo, nem Elias, nem o profeta?

João respondeu-lhes, dizendo: Eu batizo com água; mas no meio de vós está quem vós não conheceis; Ele é o que, vindo depois de mim, passou diante de mim, do qual eu não sou digno de desatar as correias das sandálias.

Estas coisas se passaram em Bethabara, além do Jordão, onde João estava batizando. No dia seguinte, João viu Jesus, que vinha ter com ele, e disse: Eis o cordeiro de Deus, o que tira o pecado do mundo. Este é aquele de quem eu disse: Depois de mim vem um homem que passou diante de mim, porque existia antes de mim. Eu não o conhecia, mas vim batizar com água, para ele ser reconhecido em Israel. E João deu testemunho, dizendo: Vi o Espírito descer do céu em forma de pomba e repousar sobre ele. Eu não o conhecia, mas o que me mandou batizar com água, esse me disse: Aquele sobre quem vires descer e repousar o Espírito, esse é o que batiza com o Espírito Santo. E eu vi e dei testemunho de que ele é o Filho de Deus.

Observe a ênfase colocada na afirmação de João Batista de que Jesus era anterior a ele, João. *Ele existia antes de mim* (30), diz João. Nesta afirmação lê-se o significado de que Jesus era anterior em alma e não na Terra; percebe-se que Jesus vivia antes da criação da Terra, que existia antes de a família humana povoar a Terra. Ele foi um canal, puro e sagrado, pelo qual o Cristo perfeito e Filho Unigênito do Pai-Mãe-Deus nasceu e continua a nascer durante todas as eras da humanidade. É evidente que João reconheceu a presença de Cristo, o Filho de Deus, em Jesus.

Ele é o que, vivendo depois de mim, passou diante de mim, do qual eu não sou digno de desatar as correias das sandálias (27). João veio ao deserto – a massa de pensamentos confusos, o deserto da ignorância – para anunciar a vinda do Senhor. Sua missão é preparar a mente e a alma dos homens para a chegada do Cristo: "Eu batizo com água, disse, mas ele batizará com o espírito."*

Eis algo interessante. Já temos a ligação do elemento água com a alma. Agora a água também é considerada purificadora da alma. A alma do homem, como já dissemos, não é o espírito; é o revestimento do espírito, a ponte entre o corpo físico e o espírito divino. Por ser o revestimento do espírito, ela contém um elemento do divino, possui o que a capacita a reagir às belas e puras vibrações, penetrando assim nas esferas mais elevadas. Na estrutura da alma constroem-se também elementos mais grosseiros, como resultado da correspondência do homem com

* Veja o apêndice na pág. 193: "Batismo."

os instintos mais baixos e animais. Essa parte inferior da alma está ligada ao corpo físico e desintegrar-se-á no término de cada encarnação; já a parte superior permanecerá e será absorvida nessa alma-corpo ou templo que vem sendo edificado desde a origem dos tempos.

A alma humana abrange os corpos astral, mental e celestial: isto é a alma. Mas há algo mais, há o espírito. Agora, quando a alma armazena todas as experiências possíveis da vida física de modo a estar pronta para entrar na iniciação de Cristo, há uma maravilhosa "ressurreição", iluminação ou despertar, esperando por ela. O Cristo no homem conscientiza-se, levanta-se, desperta. Jesus foi o grande iniciado pela manifestação desse espírito de Cristo. Jesus tornou-se o Cristo. Ele trilhou o caminho e mostrou-o para a humanidade. Ele disse: "Eu sou o caminho, a verdade e a vida." Jesus demonstrou para a humanidade o caminho para a vida eterna. Jesus Cristo não foi o único Cristo, mas ele indicou o caminho da purificação de todos os veículos, inclusive o físico, para todas as almas.

João refere-se a João Batista, que batizou com a água que purifica e limpa a psique e a alma de seu acúmulo de karma. Mas alguém teria que batizar com o espírito, o espírito divino... Seria o Cristo, a luz, o verbo, que brilharia nas trevas de todos, em todos nós? Ele batiza com o fogo terrível, o fogo da vida divina, a própria vida dentro da alma; e, a menos que a alma corresponda, ela morre, fica na escuridão.

Cristo é o grande iniciador nos mistérios do fogo divino no homem. O fogo divino no homem é o amor puro, o amor de Cristo, que nasce – não que nasceu, mas que nasce – do Pai-Mãe-Deus; o Filho Unigênito, espírito divino ou fogo, o amor perfeito.

(1:35-36) *No dia seguinte, João estava novamente ali com dois de seus discípulos, e, vendo Jesus que ia passando, disse: Eis o Cordeiro de Deus!*

Eis o Cordeiro de Deus! Qual o significado exato dessas palavras? Para os judeus, o cordeiro estava associado ao sacrifício no templo. A princípio, isso soa como algo grosseiro, mas devemos nos aprofundar e compreender o significado do sacrifício, aqui entendido como submissão dos instintos do eu inferior. Não há ninguém, exceto Jesus, que tenha sacrificado todo o seu eu a Deus; mas João – profeta e vidente – pôde ver que Jesus era esse homem. Ao entregar toda a sua natureza, ele não tinha vontade própria, nem desejos. Ele havia sacrificado tudo ou renunciado a tudo, dentro desse templo que era a sua forma humana, para a vinda de Cristo, para Deus. João o chamou de "O Cordeiro de Deus" pois ele havia submetido toda essa natureza inferior ao espírito divino, a Deus. *O Cordeiro de Deus que tira o pecado do mundo* (29) – a alma ou psique perfeita e pura de Jesus Cristo, perfeita na sua pureza e simplicidade, livre de karma, preparada através dos tempos para a revelação divina à humanidade de que todo homem tem em si o poder, a luz; e se o homem corresponde a essa luz que repousa – a julgar pela aparência da água, a água tranqüila de sua alma –, aprofunda-se no seu próprio ser, e entra no reino de Deus, da eternidade.

Ele havia renunciado à sua vida, mas aquele que dá sua vida (que se entrega completamente) recebe a vida eterna. Você percebe o que isso significa? Quando a vida da alma ou psique, que é temporal, é posta de lado de modo que a vida eterna e divina de Cristo possa entrar, essa alma é salva ou vivificada para a vida eterna. Pode-se dizer: "Mas nós sabemos que a vida continua após a morte, que a alma continua sempre, que o homem não pode morrer, não pode ser destruído." Todavia, você não pode ver uma verdade mais profunda – que a vida só se torna eterna quando o espírito divino, ou fogo divino, purifica e redime a psique, aviva suas vibrações, transmuta seus elementos e a eleva ao céu.

(1-38-9) *Então Jesus, voltando-se para trás e vendo que o seguiam, disse-lhes: Que buscais vós? Eles lhe disseram: Rabi (o que quer dizer Mestre), onde moras? Ele lhes disse: Vinde ver. Foram e viram onde ele morava e ficaram com ele aquele dia. Era então quase a hora décima.*

Quando os discípulos perguntaram a Jesus onde morava, ele respondeu: "Vinde ver." Contudo, em outra passagem, nos é dito que Jesus não tinha onde repousar sua cabeça. Deduz-se, desse paradoxo, o seguinte significado: Jesus vivia constantemente com seu Pai no céu (a sua verdadeira morada), numa condição que cada um de nós pode se esforçar por alcançar na meditação, nem que seja num vislumbre, quando um estímulo interno nos atrai para algum lugar além do poder de descrição, mas que a intuição nos diz ser nossa casa espiritual. Jesus morava lá constantemente. Quando você se desenvolver pela meditação;

quando alcançar esse lugar de santidade, de grande luz e beleza, gradualmente, você será capaz de ampliar a duração da sua estada ali. No começo, terá apenas uma vaga consciência dele, então, num relance, tocará a verdadeira glória; com o tempo será capaz de permanecer ali cada vez mais. Ainda há grandes mestres chamados avatares, capazes de entrar nesse estado de bênção, tão raro. Jesus conseguia permanecer indefinidamente nesse estado de consciência celestial. Os discípulos abandonaram suas coisas, foram com Jesus e moraram com ele por longo tempo; em outras palavras, pela luz e pela glória que dele emanava, Jesus foi capaz de despertar a consciência dos seus discípulos. Assim eles também puderam habitar com ele no estado celestial por algum tempo. Graças a seu poder e amor Jesus conseguiu proporcionar essa dádiva de visão. O mestre espiritual de hoje, em grau menor, também pode capacitar o discípulo a elevar sua consciência, e é por isso que um mestre se mostra tão útil. Certamente, como Jesus disse várias vezes: *O Pai que está em mim, esse é que faz as obras. Nada faço de mim mesmo* (14:10; 8:28). Ele era apenas o canal, puro e perfeito, pois a manifestação de Deus no homem toca e eleva o discípulo à visão gloriosa.

(1:42) *Um dos dois que ouviu João falar e o seguiu, era André, irmão de Simão Pedro. Este encontrou primeiro seu irmão Simão e disse-lhe: Encontramos o Messias, que quer dizer Cristo. E o levou a Jesus. E quando Jesus o olhou, ele disse: Tu és Simão, o filho de Jonas; tu serás chamado Cefas, o que, por interpretação, quer dizer pedra.*

Dar a Simão o nome Pedro, ou Pedra, sugere que Simão, nessa época, era um homem de mentalidade forte, de intelecto vigoroso. Apesar de Jesus ter plena consciência da grande bondade que havia em Simão, chamou-o de pedra pois Simão não reagia. Existe vida na pedra, mas é difícil percebê-la! Isto lembra outras palavras do Mestre, quando se referiu às pedras que clamam (*Lucas,* 19:40). Temos aqui, novamente, um poder tão grande capaz de provocar reação até mesmo naqueles que são tão duros quanto pedras.

(1:43-51) *No dia seguinte, Jesus quis ir à Galiléia. Encontrou Filipe e disse-lhe: Segue-me. Filipe era natural de Betsaida, a cidade de André e de Pedro. Filipe encontrou Natanael e disse-lhe: Encontramos aquele de quem Moisés fala na lei e os profetas escreveram: Jesus de Nazaré, filho de José. Natanael disse-lhe: Pode porventura sair coisa boa de Nazaré? Filipe disse-lhe: Vem e vê.*

Jesus viu Natanael aproximando-se, e disse dele: Eis um verdadeiro israelita, em quem não há dolo! Natanael disse-lhe: De onde me conheces? Jesus respondeu e disse-lhe: Antes que Filipe te chamasse, eu te vi, quando estavas debaixo da figueira.

Natanael respondeu-lhe, e disse: Rabi, tu és o filho de Deus, és o rei de Israel.

Jesus respondeu, e disse-lhe: Porque eu te disse que te vi debaixo da figueira, crês? Verás coisas maiores que esta. E disse-lhe: Em verdade, em verdade te digo, verás o céu aberto, e os anjos de Deus subindo e descendo sobre o Filho do homem.

Nesses poucos versículos, lê-se outra verdade.

Natanael ficou extremamente agradecido e entusiasmado quando Jesus demonstrou o poder de sua clarividência por tê-lo visto debaixo da figueira! Natanael foi conquistado por isso e teve a certeza de que certamente só um poder como o de Deus conseguiria ver àquela distância. Na nossa juventude espiritual, nos impressionamos com acontecimentos psíquicos comuns. Ao testemunhá-los, somos inclinados a pensar que nada mais temos para aprender, e aí paramos. Mas os poderes psíquicos em si não são suficientes; a posse de poderes psíquicos não faz um mestre e nem mesmo um homem sábio. Jesus tinha poderes psíquicos bem desenvolvidos, mas tinha também algo mais. Ele possuía a verdadeira percepção espiritual desenvolvida. Podia não apenas ver Natanael sob a figueira, como uma visão, mas também ler a alma de Natanael, e sabia exatamente o quanto ele se havia adiantado ao longo do caminho de sua evolução. Mencionamos isso porque tem sido dito que Jesus era um médium comum, mas tal afirmação é apenas uma meia-verdade; Jesus era um ser desenvolvido, uma alma perfeita que havia atingido plenamente os graus de poderes ocultos latentes no homem. A diferença entre Jesus e o psíquico comum é que os elementos psíquicos em Jesus transmutaram-se em elementos sagrados.

Você não deve pensar que estamos depreciando os talentos psíquicos. Gostaríamos apenas de deixar claro que eles se desenvolvem no decorrer natural da evolução. Eles não encerram tudo; têm seu lugar, mas são muito comuns. A alma deve ir além dos talentos psíquicos.

E disse-lhe: Em verdade, em verdade te digo, verás o céu aberto, e os anjos de Deus subindo e descendo sobre o Filho do homem (51). Com essas palavras Jesus continuou a descrever tudo o que existe além do desenvolvimento psíquico, mostrando que, além dessa evolução, existe algo mais pelo que se esforçar. Interpretamos isso com o significado de que quando o homem se senta devotadamente em meditação e contemplação, e abre seu coração à influência do amor divino, sua consciência fica tão elevada que ele chega a ver os anjos de Deus. Ele atinge o estágio de êxtase no qual obtém a companhia dos anjos. Este é o verdadeiro talento espiritual. É o alvo verdadeiro, meu amigo, não apenas o desenvolvimento de algum sexto sentido ou poder psíquico, que não é nada comparado com este batismo, esta elevação do espírito, esta criação do fogo divino no espírito, vindo do coração; pois então a alma verá as hostes de anjos e habitará na sua verdadeira casa, a morada de Cristo.

2

A Água e o Vinho

Vamos ajudá-lo a compreender melhor o caminho, a verdade e a vida do espírito eterno. Não há nenhuma verdade nova; tudo o que está contido nos ensinamentos evangélicos nós recebemos há muito tempo atrás no tempo da Grande Luz Branca. Aprendemos a mesma história da psique (a alma) e do fogo divino, o espírito divino, que vem de Deus, o Pai-Mãe, para iluminar a alma. Essa antiga sabedoria tem sido proporcionada repetidamente à humanidade por muitos mestres; e no cristianismo encontramos outra apresentação da verdade eterna.

A mente, assassina da realidade, infelizmente toma a palavra do Mestre e deturpa-lhe o significado. Do começo ao fim dos evangelhos, é possível traçar essa mesma interpretação errônea da verdade mística e sobre essa deturpação tem sido erigido um edifício cujas janelas são opacas e não permitem que os homens compreendam a mensagem do Mestre.

A maior inimiga do progresso espiritual do homem é a sua mente. Reconhecemos que a mente pode ser também sua amiga, pois através dela pode-se receber e compreender a verdade. Por outro lado, ela deve ser sempre dirigida pelo espírito divino no coração, o espírito de Cristo, humilde, meigo, despretensioso e amoroso. O amor divino no coração reflete-se como uma luz para iluminar a mente e dar essa visão clara que pode revelar o céu e o inferno ao homem. O propósito da vida é a manifestação do fogo divino na Terra pelo homem, por seu corpo físico.

Falaremos agora do segundo capítulo do Evangelho de São João, referindo-nos especialmente ao milagre da mudança da água em vinho.

(2:1-25) *E no terceiro dia, houve um casamento em Caná da Galiléia e encontrava-se lá a mãe de Jesus. E tanto Jesus como os seus discípulos foram convidados para o casamento. E quando eles quiseram vinho, a mãe de Jesus lhe disse: Eles não têm vinho. Jesus respondeu: Mulher, o que isso me importa? Ainda não chegou a minha hora. Disse sua mãe aos que serviam: Fazei tudo o que ele vos disser.*

Ora, estavam ali seis talhas de pedra, preparadas para a purificação dos judeus, contendo cada uma duas ou três medidas. Disse-lhes Jesus: Enchei as talhas com água. Encheram-nas até a borda. Então disse-lhes Jesus: Tirai agora, e levai ao organizador da festa. E eles as levaram. E logo que o organizador provou a água convertida em vinho, e não sabendo de onde ela viera (mas os criados que trouxeram a água sabiam), chamou o noivo, e lhe disse: Todo homem serve primeiro o bom vinho, e, quando os convidados já estão embriagados, então lhes serve o inferior: tu, ao contrário, guardaste o bom vinho até agora.

Este início dos milagres, Jesus o fez em Caná da Galiléia, e manifestou a sua glória; e seus discípulos creram nele. Depois disto, desceu para Cafarnaum, ele e sua mãe, seus irmãos e seus discípulos; mas não se demoraram lá muitos dias.

E estava próxima a Páscoa dos judeus, e Jesus subiu a Jerusalém, e encontrou no templo os vendedores de bois, de ovelhas e de pombas, e os cambistas sentados em suas bancas. E, tendo feito um açoite de pequenas cordas, expulsou-os a todos do templo, e também as ovelhas e os bois; e espalhou o dinheiro dos cambistas e derrubou as mesas. Aos que vendiam pombas, disse: Tirai estas coisas daqui, não façais da casa de meu Pai uma casa de negócios. E seus discípulos lembraram-se do que estava escrito: O zelo da tua casa me devorará.

Interpelaram-no então os judeus e disseram-lhe: Que sinal nos mostras, para poderes fazer estas coisas? Jesus respondeu-lhes e disse: Destruí este templo e eu o levantarei em três dias. Disseram, pois, os judeus: Este templo foi edificado em quarenta e seis anos e tu o levantarás em três dias? Mas ele falava do templo do seu corpo. Pois quando ressuscitou dos mortos, seus discípulos lembraram-se do que ele lhes dissera; e creram nas Escrituras e nas palavras que Jesus tinha dito.

Ora, estando ele em Jerusalém pela Páscoa, no dia da festa, muitos creram no seu nome ao ver os milagres que fazia. Mas Jesus não se fiava neles, porque os conhecia a todos, e porque não necessitava de que lhe dessem testemunho do homem: pois ele bem sabia o que havia no homem.

A água é um símbolo antigo usado freqüentemente por Jesus para comunicar a verdade mística a seus irmãos. Na ciência astrológica, dizem que os signos do zodíaco sob o elemento água estão ligados à psique, e no ensinamento místico a água é sempre símbolo da alma. A psique, na sua fonte, é como a água pura; mas quando ela desce e é revestida pelo corpo físico, pode se tornar, como geralmente acontece, turva, opaca, pesada; contudo, ela continua fluindo e no final corre novamente limpa no momento de se reunir ao grande oceano da divina consciência, à psique universal ou alma. A psique do homem individual pode ser pura e limpa, ou obscura e desbotada, de acordo com seu estágio de evolução espiritual. O símbolo água sempre representa a alma.

Na festa de casamento em Caná, a mãe de Jesus chamou-o e disse: "*Eles não têm vinho*" (3), e Jesus respondeu, de um modo aparentemente ríspido: *Mulher, o que isso me importa?* (4). Sugerimos que essas palavras foram mal traduzidas. O sentido que supomos foi: Mulher (minha companheira, minha irmã), vamos compartilhar o que temos; o que é meu é teu também, portanto vamos compartilhá-lo. Trazei-me as talhas que contêm água, dividiremos o que temos. O que eles tinham em comum era o espírito de Cristo. E portanto esse fogo divino, essa essência divina da consciência cósmica ou universal, o vinho da vida transmitido do Mestre para a alma dos demais presentes. Pelo espírito de Cristo, a água (ou alma) é transformada em vinho, é infundida pelo fogo divino da vida eterna, a vida de Cristo. Isso é o que os místicos medievais chamavam de casamento místico. Você se lembra que ao ser pregado na cruz Jesus teve seu lado ferido pela lança do soldado, e que água e sangue escorreram do ferimento? Este é outro símbolo místico, o casamento da psique ou alma com o espírito divino, o Filho.

Certamente, você se lembra de que na festa do casamento um dos convidados disse ao noivo: "Por que você guardou seu melhor vinho [o qual aparentemente fora produzido por um milagre] para o final?" Aqui também há um significado místico. De fato, no fim da vida do homem na Terra, quando a alma deixa o corpo, verifica-se uma mudança nos elementos dessa psique; e o espírito de Cristo, entrando na psique nesse estado de mudança, produz uma combinação mais rara, um "vinho" mais primoroso do que quando a psique está acorrentada ao corpo físico. Assim, somente no fim da vida mortal apresenta-se o vinho mais fino à humanidade.

Em outras ocasiões, Jesus disse: *Não se deita vinho novo em odres velhos* (Matheus 9:17). Qual o significado dessas palavras? O odre velho – a psique terrena, cansada – tem de ser transmutado e purificado antes de receber o vinho novo e perfeito da consciência divina. Não é gloriosa e confortadora essa mensagem? Sugere-se que o homem não pode progredir em direção à realização da consciência cósmica enquanto não tiver como objetivo de sua vida servir e repartir com todos os homens as bênçãos recebidas. Essa distribuição do vinho da vida universal, essa bênção divina que flui do coração é novamente uma verdade mística. Acreditamos que o despertar da luz de Cristo constrói a ponte entre a consciência individual e a universal. A alma é a consciência individual. O espírito de Cristo no coração, ao se desenvolver e crescer, une o indivíduo ao universo ou ao cosmo. O espírito de Cristo é a ponte entre a consciência individual e a universal.

Assim as preces são respondidas. Deus é todo amor e sabedoria; é impossível descrever Sua glória, e cada pessoa deve buscar e encontrar esse amor. No entanto, quando a alma ora a seu Pai-Mãe, sem pedir nada de natureza egoísta, mas apenas o que pode repartir com os outros, ela está destinada a receber uma resposta, pois o amor puro e verdadeiro do Pai-Mãe penetra o coração do filho. Ao orar pelo bem, pelo trabalho do seu Pai, sentindo o desejo de repartir com seus companheiros tudo o que vier, o filho – ou filha – torna-se um canal para o amor divino, e quando o amor divino flui em seu coração aí está a resposta à sua prece.

Lembre-se: essas verdades devem encontrar expressão em todos os níveis de consciência, até a mais íntima ressonância da vida física e material. A vida é um todo e cada uma de suas partes está combinada harmoniosamente; esse fogo divino manifesta-se em cada nível até o físico. É por isso que parece haver tantas interpretações da verdade. Há uma única verdade, mas ela se manifesta em diferentes níveis. Entretanto, estamos interessados na fonte original desse rio da verdade – Deus.

Você se recorda da referência no Apocalipse de São João ao "*rio puro de água viva... procedente do trono de Deus*" (Apoc. 22:1)? O rio de água viva é a grande psique universal que flui de Deus, e se manifesta de muitas formas diferentes. Jesus disse: *Na casa do meu Pai há muitas moradas* (Jo. 14:2). Às vezes interpreta-se tal afirmação como se houvesse muitas casas no mundo espiritual. Não negamos essa interpretação, mas sugerimos a existência de muitas mansões no ser do homem, muitos veículos pelos quais Deus se manifesta – o físico, o mental, o emocional, o intuitivo, etc. Essas são as muitas mansões na "casa de meu Pai" – o todo do ser humano. Antigamente, o chamávamos de "templo".

As "muitas moradas" nos fazem lembrar outra passagem de Jesus, quando ele disse a Pedro: *Tu és Pedro e sobre esta pedra edificarei a minha Igreja... e tudo o que atares sobre a terra, será atado também nos céus* (Mt. 16:18-19). Tem havido muita especulação sobre o verdadeiro significado dessas palavras. A igreja aqui referida não é um corpo de homens. É errado pensar na igreja, neste contexto, como um grupo de pessoas que se reúnem para louvar a Deus. *Tu és Pedro* – Pedro, o homem – *e sobre ti edificarei a minha igreja* – "Minha igreja" é o templo cósmico, universal de adoração, o templo de louvor no coração de cada homem. *E tudo o que ligares* – a ti mesmo – *na Terra* – na vida terrena – *será ligado no céu*. Jesus ocultou profundo significado místico nessas palavras. A igreja no coração de Pedro era a sua verdadeira adoração de Deus. Sobre a verdade implícita no homem Pedro, Deus construiria sua igreja. E tudo o que um homem liga a si mesmo na Terra estará ligado no céu; e tudo o que ele desata, ou do qual se livra, ou conquista em si mesmo na Terra, também o será no céu.

Jesus caminhou sobre a água – acalmou a tempestade no mar. Isso indica que o Cristo em Jesus controlou seu corpo emocional, seu corpo-alma, a psique. O Cristo que estava em Jesus não podia ser lançado na confusão da psique; ele elevou-se acima das confusões emocionais, acalmou a água. Logo que a tempestade surgiu, ele ordenou que os espíritos do ar e da água se acalmassem; ele tranqüilizou a tormenta da psique, ou da alma de seus discípulos, acalmou a tempestade de emoções. Cristo é o Mestre e controla todo o céu e a Terra, e torna a alma tranqüila.

A coisa mais grandiosa na vida é o amor. Não o amor da boca para fora; mais aquele que faz a vontade do Pai que está no céu, não o que chama Senhor, Senhor. A dedicação ao amor, a distribuição de tudo com todos, o derramar do verdadeiro amor de Cristo vindo do coração; o reconhecimento da dignidade de cada alma viva, da dignidade do mundo animal; estar o tempo todo pronto e capaz de ver, ouvir, experimentar, cheirar e tocar a vida divina de Deus – este é o caminho para Cristo, para a consciência cósmica. Cristo é o salvador da humanidade – não o homem Jesus, mas o Cristo universal de todos os tempos. O amor universal é o salvador da humanidade.

Esta é a nossa mensagem.

3

A Vinda do Salvador

Desde que Jesus falou sobre a vinda do Confortador, os homens têm ansiado por ele. Milhões de aspirantes cristãos continuam observando, continuam à espera; mas seus olhos espirituais estão fechados, e eles ainda não compreenderam o significado da mensagem.

No decorrer de nossas conversas, esperamos esclarecer esse significado; isso porque ao olharmos para o mundo e vermos a tristeza e o sofrimento da humanidade, sabemos o quanto o homem precisa de conforto. Você, assim como toda a humanidade, sente a solidão e a doença da mente e do corpo; você sofre pela ausência de algo em sua vida. O que é esse algo? É o espírito, o fogo, o amor, a companhia do espírito. Você se sente sozinho, isolado, cheio de um desejo indescritível.

O Confortador claramente é revelado nos ensinamentos de Jesus, nos ensinamentos desse espírito de Cristo que tem brilhado em vários graus através dos líderes e mestres espirituais em toda a história da humanidade. No ensinamento cristão, logo que ele puder ser compreendido pelo mundo ocidental, encontra-se uma história clara da vida humana, revelando a natureza da alma e do espírito do homem, e das leis que governam a vida, entre elas, as da reencarnação e do karma; coroando tudo, uma revelação do Confortador, do espírito divino.

Quando João Batista explicou que Jesus não batizaria com água mas sim com fogo (Mt. 3:11), ele referia-se ao fogo do Espírito Santo, essa luz vinda do céu, cuja ação pode fazer renascer um homem. Embora o homem nasça com todos os elementos em seu corpo físico e em seu corpo psíquico ou alma, enquanto não houver o batismo divino, não se verificará o verdadeiro nascimento do espírito.

À medida que prosseguirmos, nos deparamos com dois aspectos distintos do homem, várias vezes mencionados em parábolas, nos milagres e no ensino pela palavra: de um lado, a alma ou psique; do outro, o espírito ou fogo divino. Entretanto, esses dois aspectos ainda não estão no ensinamento ortodoxo; utilizam-se muitas palavras, o que gera tão-somente confusão. Por outro lado, uma vez desfeita essa confusão, obtemos uma palavra vital, repetida muitas e muitas vezes, que aparece sempre ligada ao espírito de Cristo. Essa palavra é amor. Nem mesmo o amor é compreendido, pois ele tem muitos aspectos, e se presta a inúmeras interpretações; contudo, o cristão simples e sincero tenta obedecer à recomendação de Jesus no sentido de *amar uns aos outros* de acordo com a sua compreensão: o verdadeiro cristão esforça-se por ser amoroso. Lamentavelmente fracassa logo que se manifesta uma prova incomum de fraternidade; por exemplo, quando surge a questão da guerra! Sempre há alguma desculpa. Diz-se que é difícil manter uma postura fraternal quando há tantas coisas envolvidas, tantas coisas a serem consideradas. O homem fala a respeito de "guerra justa" e acha que está certo em defender a si mesmo. Ele diz: "No futuro tudo estará bem, pois o homem ainda precisa evoluir para chegar ao estágio cristão. Talvez daqui a alguns séculos sejamos capazes de praticar a fraternidade e abolir a guerra." O que Jesus quis dizer com isso, meus irmãos? Que o amor e a fraternidade viriam em algum futuro distante, quando a alma do homem estivesse evoluída o suficiente para permitir-lhe obedecer facilmente à lei divina? Não acreditamos nisso, em absoluto.*

Os dois aspectos dos quais falamos – de um lado o corpo e a alma (a carne e a água), e do outro o espírito divino (o Filho de Deus) – estão claramente indicados nesse terceiro capítulo de São João. Jesus veio

---

* Veja o Apêndice, pág. 196: "Guerra."

para revelar ao homem sua verdadeira natureza. Toda alma é um filho de Deus. Jesus não disse que só ele possuía poderes miraculosos. Não proclamou ser diferente e superior a você, mas ensinou que todos nascem de Deus e pelo mesmo espírito todos podem elevar-se até Ele. Não apenas Jesus, mas todos os homens nascidos na carne para renascerem do céu. *O Pai que está em mim, esse é que faz as obras... Aquele que crê em mim fará também as obras que eu faço, e fará outras ainda maiores* (Jo. 14:10, 12). Esses milagres não são feitos pela mente humana, nem pelo intelecto poderoso, mas pelo espírito de Cristo que se manifesta na vida.

Aqueles que receberam a mensagem da verdade devem *viver* essa mensagem. O ensinamento oral pode tornar-se vão, mas uma vida que manifesta a verdade, que demonstra a lei espiritual, distingue-se como um exemplo vivo da verdade. Nisso está o poder da mensagem de Cristo.

Jesus não pregou apenas, mas demonstrou o poder da luz. A luz brilhou através dele. Ele a irradiou em todos os lugares por onde passa. Ele estava sintonizado o tempo todo com seu Pai no céu, com o Grande Espírito; por causa disso, era forte no espírito de seu Pai, e continuamente chamava seu Pai celestial para auxiliá-lo a manifestar e demonstrar a luz.

Para quem não está familiarizado com nossos ensinamentos, gostaríamos de explicar o significado de "luz". Luz é amor. Quem é um homem de luz é um homem de amor e boa vontade; não pensa no mal, só no bem. Ele obedece à lei do bem, à verdade e à beleza. Está, portanto, vivendo a vida do Cristo.

O Cristo, ao falar por intermédio de Jesus, disse também: *Eu sou a luz do mundo* (Jo. 8:12), EU SOU. O que ele quis dizer com isso? Ele, o Jesus pessoal, seria a luz do mundo? Esta é a interpretação da Igreja ortodoxa. No entanto, ele não estava se referindo à faísca dentro do homem conhecida pelo mundo espiritual como "EU SOU"? Antes do mundo existir EU SOU. EU SOU a luz do mundo. EU SOU a luz da vida. EU SOU a luz, o amor em seu peito. Eu e o Pai somos um. O homem precisa aprender como entrar em contato com esse EU SOU interior; ele tem de aprender a receber a força vital que flui continuamente na alma do homem, a conhecer a glória do Pai dentro de si mesmo e manifestar essa glória. Então ele será preenchido pela luz, pela saúde, pela alegria e felicidade, e criará para ele mesmo e para todos os homens um novo céu, uma nova Terra.

Vamos ler juntos agora o terceiro capítulo, observando cada palavra.

(3:1-10) *Havia um homem da seita dos fariseus, chamado Nicodemos, um dos principais entre os judeus. Este foi ter com Jesus, de noite, e disse-lhe: Rabi, sabemos que és um mestre enviado por Deus: porque ninguém pode fazer esses milagres que tu fazes, se Deus não estiver com ele.*

Jesus respondeu e disse-lhe: Em verdade, em verdade te digo que não pode ver o reino de Deus senão aquele que nascer de novo.

Nicodemos disse-lhe: Como pode um homem nascer sendo velho? Porventura pode tornar a entrar no ventre de sua mãe e renascer?

Respondeu-lhe Jesus: Em verdade, em verdade te digo, que quem não nascer da água e do Espírito, não pode entrar no reino de Deus. O que nasceu da carne é carne, e o que nasceu do Espírito é espírito. Não te maravilhes por eu te dizer: É preciso nascer de novo. O vento sopra onde quer, e tu ouves o seu som, mas não sabes donde ele vem, nem para onde vai; assim é todo aquele que nasceu do Espírito.

Respondeu Nicodemos e disse-lhe: Como podem ser essas coisas?

Jesus respondeu e disse-lhe: Tu és mestre em Israel, e ignoras essas coisas?

Quem não nasceu da água e do Espírito... (5). No ensinamento místico, a água é sempre símbolo da psique, ou da alma; o espírito é o fogo divino. Até um determinado ponto, o homem é apenas da alma e não do espírito. Isso quer dizer que o espírito está presente no nascimento, enquanto a alma permanece num estado de escuridão até ser vivificada e conscientizada pelo espírito. A alma é o revestimento do espírito, e pode ser estimulada de modo a elevar-se e unir-se a ele. Com o decorrer do tempo, alma e espírito unem-se e tornam-se um só. Nos primeiros estágios de sua jornada terrena, o homem é envolvido nos dois planos mais exteriores, o físico e o psíquico, e assim ele ganha experiência para finalmente renascer, nascer do espírito, quando ele se volta para seguir a Deus. Muitas e muitas almas vivem atualmente na escuridão. Os irmãos mais velhos, por seu amor e ajuda, estão tentando despertar essas almas "mortas" e trazê-las para a vida.

O vento sopra onde quer (8)... "o vento" é outra referência ao espírito, ao sopro divino. Soprando onde quer, ele não pode ser confinado. Nenhum homem viu o espírito. Ele percebe diariamente uma manifestação da psique, da alma, expressando-se sempre pelo físico, mas não vê o espírito. Contudo, o espírito pode ser sentido... Para tanto, deve-se permanecer sentado calmamente em meditação e ficar alerta ao sopro do espírito, indescritível, intangível. O vento, o sopro divino, sopra onde quer.

Observe como Jesus se dirigiu a Nicodemos, como se estivesse surpreso: *Tu que és um mestre de Israel, ignoras essas coisas?* (10). Hoje em dia também há os que falam puramente pelo intelecto; mesmo tendo muito conhecimento, não têm noção da doce essência do espírito expressa pela ternura, pelo amor e pela sabedoria. Jesus esforçava-se por ensinar a seus discípulos a diferença entre o conhecimento adquirido pela mente terrena e a grande verdade do Confortador. Quando o Confortador vem para o homem, ele renasce; o céu se abre para ele, o poder do amor flui nele e traz dádivas de cura, de sabedoria, do poder de confortar, de iluminar e elevar os outros nas asas do espírito.

Talvez você se lembre de nossas referências a Natanael e à figueira, e da importância dada à visão pela qual Jesus viu Natanael. Os discípulos acharam aquilo maravilhoso; mas Jesus disse: "Isso não é nada – apenas uma visão psíquica. Esperem até poderem ver os anjos subindo e descendo do céu." Eis uma experiência que pode verificar-se durante a meditação profunda, quando a alma está bem sintonizada e reflete a verdadeira visão do céu. As verdadeiras visões do espírito não se devem ao desenvolvimento do poder psíquico. O poder psíquico capacita a pessoa a ver os espíritos desencarnados, a ver o mundo astral ligado ao físico; mas os céus não são alcançados pelo poder psíquico nem revelados pela visão psíquica. Essa é a diferença à qual Jesus se referiu a respeito de sua visão de Natanael.

O mesmo aconteceu com Nicodemos: ele era um homem de conhecimento, possuía um intelecto poderoso, mas carecia de visão espiritual, sendo, portanto, limitado. Alguns pensam que quando Jesus afirmou que o homem *deve nascer de novo* (7) isso talvez fosse uma referência à reencarnação; não concordamos com tal interpretação.

Entendemos que tais palavras significam que o homem pode, quando está pronto, encontrar um novo nascimento.

(3:11-15) *Em verdade, em verdade te digo que nós dizemos o que sabemos e damos testemunho do que vimos; mas vós não recebeis o nosso testemunho. Se vos tenho falado das coisas terrenas, e não crestes, como acreditareis se vos falar das celestiais? Ninguém subiu ao céu, senão aquele que desceu do céu, o Filho do homem, que está no céu. E, como Moisés levantou no deserto a serpente, assim também importa que o Filho do homem seja levantado, a fim de que todo o que nele crer não pereça mas tenha a vida eterna.*

Chamamos sua atenção para o trecho: *Como Moisés levantou no deserto a serpente, assim também importa que o Filho do homem seja levantado* (14). O Filho do homem significa o homem que nasce da carne. A alma dos homens deve ser elevada por um novo nascimento... um novo nascimento, quando o fogo divino se manifestar neles. Como Cristo, por meio de Jesus, disse: *Quando eu for levantado da Terra, atrairei todos os homens a mim* (Jo. 12:32). Eu, Cristo, o Filho de Deus, o Cristo que estava morando em Jesus; portanto, Jesus era ambos: o Filho de Deus e o filho do homem, era divino e humano.

Freqüentemente, temos falado a respeito da encarnação do homem, da vida do homem aqui na Terra. Talvez pelo sofrimento e também pela alegria e felicidade, o homem pouco a pouco tem desenvolvido seu corpo mais elevado, ao qual muitos santos e mestres do passado e do presente se referiram, o corpo de luz conhecido como corpo solar ou celestial, como o Mestre Paulo o chamou. O crescimento, o desenvolvimento e o nascimento pleno desse eu divino ou desse eu-Deus no homem é um processo lento, mas é o propósito da sua vida.

Como Moisés levantou a serpente no deserto (14)... A serpente é o símbolo do fogo sagrado da Kundalini, a força solar que, enrolada justamente como uma serpente na base da espinha, está dormindo na maioria das pessoas, esperando para ser acordada. Essa força solar, esse poder criativo tem de ser elevado para a cabeça e o coração, sob o controle total do espírito; ou então pela Palavra (a Palavra de Deus, que é o amor), fazendo com que o homem se torne, não um homem da Terra, mas da vida eterna. Esta é a vinda do Filho supremo, da luz, da vida, na forma de Cristo por meio de Jesus. Embora tal luz tenha sido demonstrada por outros iniciados no passado, a manifestação plena da vida de Cristo veio através de Jesus. O corpo solar de Jesus chegou à perfeição; a luz de Cristo manifestada através dele expressou-se com autoridade: *Eu sou o caminho, a verdade e a vida* (Jo. 14:6). Era essa força solar, essa vida divina nele, que estava falando. Portanto, a elevação da serpente no deserto por Moisés foi um símbolo da elevação de Cristo no mundo; e também um símbolo da elevação do poder da kundalini, o poder da "serpente", ou a transmutação da força criativa do corpo, dos centros inferiores para o coração e a cabeça.

Na Era de Aquário, na qual estamos entrando agora, virá à Terra um grande batismo do Sol espiritual, um grande estímulo do fogo divino, sagrado, o espírito de Cristo no coração de todas as pessoas. Talvez isso demore muito a acontecer. Mas não se pode ter certeza. Nós não podemos; não sabemos, apesar de conhecermos as leis espirituais que governam a vida. Sabemos que a lei é para o fogo da serpente elevar-se gradualmente e iluminar a mente e o coração do homem. Sabemos que, então, o coração do homem será preenchido de ternura, de amor a Deus e a seus companheiros.

(3:15-16) *Para que todo o que crê nele não pereça, mas tenha a vida eterna. Porque Deus amou de tal modo o mundo, que lhe deu o seu Filho único, para que todo o que crê nele não pereça, mas tenha a vida eterna.*

"Eu sou a vida, Eu, Cristo, o Filho de Deus" – Eu sou a vida. Assim, quando essa vida nasce do homem, ele herda a vida eterna, porque ele é a vida eterna. A alma em si mesma não é eterna, mas o espírito divino, o Filho de Deus vivificado nela, pode conferir vida eterna a ela. Só quando verifica-se esse nascimento do alto é que a alma torna-se eterna.

Novamente Jesus dá o ensinamento relativo à vida eterna: "O que crê em mim... crê que eu estou no Pai e o Pai em mim... Crê em mim e serás salvo. Vim para te dar a vida; vim para te elevar da escuridão para a luz; *Eu sou a ressurreição, e a vida*" (Jo. 11:25). Você não vê, meu filho, na morte do corpo físico, a grande promessa da vida do ser solar, do corpo solar? O físico, o corpo terreno, o aspecto inferior do homem, morre; mas esse supremo corpo solar que está sendo trazido ao ser, que está se desenvolvendo e evoluindo encarnação após encarnação, conduz, afinal, o homem para a vida eterna. O homem não entra na vida eterna sem que a plena consciência da vida de Cristo tenha nascido nele, sem que ele tenha desenvolvido seu corpo solar. Esse é o caminho que todos os homens devem trilhar. O Criador falando por meio de Jesus tornou isso bem claro: "Eu vim para que tenhais a vida eterna", a força solar, a vida e a luz de Cristo. Eu vim até vocês para que possais usar essa força criativa, tornando-se seres de luz. Eu vim para que possais ser mestres de vossa vida, de vosso corpo, de vosso estado, de vossas circunstâncias no mundo. *Eu sou o caminho, a verdade e a vida* (Jo. 14:6).

(3:17-28) *Porque Deus não enviou seu Filho ao mundo para condenar o mundo; mas para que o mundo fosse salvo por ele. Quem nele crê, não é condenado: mas quem não crê, já está condenado, porque não crê no nome do Filho único de Deus. E a condenação é esta: que a luz veio ao mundo, e os homens amaram mais as trevas do que a luz, porque as suas obras eram más. Porque todo aquele que faz o mal aborrece a luz e não vem para a luz, a fim de que não sejam reprovadas as suas obras. Mas aquele que pratica a verdade, vem para a luz, a fim de que as suas obras sejam manifestas, porque são feitas em Deus.*

Depois disto, Jesus foi com seus discípulos para a terra da Judéia; e lá habitava com eles e batizava. E João também estava batizando em Enom, junto a Salim, porque havia ali muita água: e o povo acorria e era batizado. Porque João não fora ainda posto na prisão. Levantou-se então uma questão entre alguns dos discípulos de João e os judeus acerca da purificação. E eles foram ter com João e disseram-lhe: Rabi, o que estava contigo além do Jordão, de quem deste testemunho, ei-lo que está batizando e todos vão ter com ele.

Respondeu João, e disse: O homem não pode receber coisa alguma se não lhe for dada do céu. Vós mesmos sois testemunhas de que vos disse: Eu não sou o Cristo, mas sou enviado adiante dele.

A ortodoxia exprime a idéia de que Jesus, o homem, foi o salvador da humanidade, em vez de proclamar ao mundo que o Espírito divino sem limite é o verdadeiro Filho de Deus e salvador dos homens, o fogo divino que nasce nas almas e as vivifica, em todos os tempos. "Como foi no início, é agora e sempre será..." Esse nascimento do espírito de Cristo não se limita a um acontecimento de dois mil anos atrás. Jesus, o grande Mestre, veio para dar testemunho dessa verdade e vivê-la. Ele em si não era o Salvador. O Cristo em Jesus deu testemunho. O Cristo que falou por meio de Jesus era o Filho de Deus, mas o Filho de Deus é também universal, o fogo vivificador nasce no coração coletivo da humanidade, e nesse sentido Cristo é o redentor, o salvador. Aqueles que acreditam que todo homem deve ser o seu próprio salvador estão certos e errados. Errados na medida em que lhes falta o conhecimento interior para conhecer a diferença entre a alma e o espírito; errados mesmo porque pensam que por eles mesmos podem realizar algo tão grande. Por outro lado, estão certos no sentido de que todo homem deve se tornar um anfitrião para o filho de Deus, deve nascer novamente do espírito.

(3:29-36) João Batista continua: *Quem tem a esposa é o esposo: mas o amigo do esposo que está de pé e o ouve, enche-se de alegria com a voz do esposo. Esta é a minha alegria e está completa. Convém que ele cresça e eu diminua. Aquele que vem do alto está acima de todos. O que vem da terra, é terrestre, e fala da terra. Aquele que vem do céu está acima de todos. E dá testemunho do que viu e ouviu, mas ninguém aceita o seu testemunho. Quem aceita o seu testemunho atesta que Deus é verdadeiro. Pois aquele que Deus enviou fala as palavras de Deus; porque Deus não lhe dá o Espírito por medida. O Pai ama o Filho, e pôs todas as coisas nas suas mãos. Quem crê no Filho tem a vida eterna, mas o que não crê no Filho não verá a vida, e a ira de Deus permanece sobre ele.*

O esposo é, na verdade, outro termo para o espírito de Cristo. Aqui está novamente uma referência ao casamento místico entre o espírito e a alma, entre o noivo e a noiva. Como pode a noiva (a alma) se casar antes que o noivo chegue? O Filho de Deus é o noivo de todas as almas.

O que não crê no Filho, não pode tê-lo em si. Se um homem não crê, como pode hospedar a luz espiritual? Tão logo ele creia, abrir-se-á para o Filho e a luz fluirá.

4

O Propósito da Experiência

Irmão, nossa prece é que, pela comunhão entre nós, cheguemos à verdade mais profunda; este é o nosso propósito ao falar com você. Não que, pelo espírito, possamos ensiná-lo, mas juntos podemos pesquisar as palavras de São João e encontrar nelas uma verdade mais profunda do que a que transparece superficialmente. Na contemplação e meditação encontraremos sempre mais verdade do que nossas simples palavras podem revelar.

Falaremos agora sobre o quarto capítulo do Evangelho, que conta, primeiro, a história de uma mulher da Samaria. É notável a freqüência com que Jesus transmite seus ensinamentos mais profundos para as mulheres. Nas palavras: "Eu sei para quem sou enviado", indica que ele sabia muito bem para quem o Pai-Mãe-Deus pretendia que ele falasse. Ele sonegava seus ensinamentos mais profundos aos altos sacerdotes e governantes; e nem sempre descortinava as verdades interiores a seus discípulos. Em vez disso, com freqüência, ele escolhia mulheres e, por estranho que isso possa parecer ao pensamento mundano, geralmente tratava-se de mulheres condenadas pelo mundo. Por exemplo, ele revelou a profunda e gloriosa verdade da ressurreição a Maria Madalena – uma mulher desprezada por muitos; entretanto, Jesus dirigiu-se a ela. E escolheu também outra mulher no poço da Samaria – de novo, uma mulher aparentemente mundana. Por que Jesus preferia essas mulheres? Sem dúvida porque a experiência mundana pode dar vida à compreensão e desenvolver a simpatia. O sofrimento ocasionado pela aspereza do mundo desperta simpatia e compreensão na alma. Não negligencie os deveres do mundo, pois o desenvolvimento da alma acontece por meio dessas experiências, e se a pessoa se preocupa *apenas* com as coisas sagradas sem o equilíbrio com a experiência mundana, pode ocorrer uma queda. Estamos falando aqui da profunda queda da alma do céu na matéria. Pela queda nas profundezas da matéria a alma, no final, torna-se imortal.

Pode-se observar que primeiro Jesus testava as pessoas, tanto os homens como as mulheres, a quem ia comunicar uma profunda verdade espiritual. Ele testou a mulher de Samaria. Falou com ela da vida mundana e do número de maridos que ela tivera. Ele não considerou esses fatos como sendo de qualquer importância mas ficou impressionado pela mulher que lhe disse: *Eu sei que está para vir o Messias que se chama Cristo. Quando, pois, ele vier, nos anunciará todas as coisas* (4:25)... As coisas sagradas, ela quis dizer, indicando portanto que, embora sua vida pudesse ser mundana, ela tinha também uma alma preparada e pronta. Não devemos concluir que um homem ou mulher de pensamento material necessariamente carece de capacidade espiritual, nem que só o santo é o único que pode reconhecer a verdade intuitivamente ou compreender a divina sabedoria num relance. Uma vida interior pode ser passada em reclusão, meditação e contemplação, e buscar por muitas encarnações a verdade, mas isso não acontece até que aconteça dentro do homem uma determinada coisa que faça a alma perceber a verdade, um despertar proveniente de uma profunda experiência na Terra, na matéria.

Nesta conjuntura, será útil ler a história contada no evangelho.

(4:1-25) *Quando o Senhor soube que os fariseus tinham ouvido que Jesus fazia mais discípulos e batizava mais que João (embora não fosse o próprio Jesus que batizasse, mas os seus discípulos), ele deixou a Judéia e voltou para a Galiléia.*

Devia, por isso, passar pela Samaria. Chegou então a uma cidade da Samaria chamada Sicar, junto do pedaço de terra que Jacó deu ao seu filho José. Ali se achava o poço de Jacó. Fatigado da viagem, Jesus sentou-se junto ao poço. Era por volta da hora sexta. Chega uma mulher da Samaria para tirar água. Jesus lhe diz: Dá-me de beber. (Pois seus discípulos tinham ido à cidade comprar alimento.) Disse-lhe, porém, a mulher samaritana: Como, sendo tu judeu, me pedes de beber a mim, que sou mulher samaritana? (pois os judeus não se dão com os samaritanos).

Respondeu Jesus e disse-lhe: Se conhecesses o dom de Deus, e quem é o que te diz: Dá-me de beber, tu é que lhe pedirias, e ele te daria água viva.

Disse-lhe a mulher: Senhor, tu não tens com que a tirar e o poço é fundo; onde tens, pois, essa água viva? És tu porventura maior do que o nosso pai Jacó, que nos deu este poço do qual ele mesmo bebeu, e os seus filhos e o seu gado?

Respondeu Jesus e disse-lhe: Todo aquele que bebe desta água tornará a ter sede; mas o que beber da água que eu lhe der, nunca mais terá sede, mas a água que eu lhe der virá a ser nele uma fonte de água jorrando para a vida eterna.

Disse-lhe a mulher: Senhor, dá-me dessa água, para eu não ter mais sede, nem ter de vir aqui para tirá-la.

Disse-lhe Jesus: Vai, chama o teu marido e volta aqui. A mulher respondeu e disse: Não tenho marido.

Jesus disse-lhe: Disseste bem, não tenho marido; porque tiveste cinco maridos e o que agora tens não é teu marido; nisto falaste a verdade.

Disse-lhe a mulher: Senhor, vejo que és um profeta. Nossos pais adoraram neste monte, e vós dizeis que em Jerusalém é que se deve adorar.

Disse-lhe Jesus: Mulher, crê-me que é chegada a hora em que não adorareis o Pai, nem neste monte, nem em Jerusalém. Vós adorais o que não conheceis, nós adoramos o que conhecemos, porque dos judeus é que vem a salvação. Mas vem a hora, e é agora, em que os verdadeiros adoradores adorarão o Pai em espírito e verdade, pois tais são os adoradores que o Pai procura. Deus é espírito e em espírito e verdade é que o devem adorar os que o adoram.

Disse-lhe a mulher: Eu sei que está para vir o Messias que se chama Cristo; quando ele vier, nos anunciará todas as coisas.

Este foi o ponto (versículo 25) pelo qual a mulher revelou a Jesus que estava pronta para receber a água viva. Jesus sempre se interessou pelas coisas interiores e não pelas aparências, e quando disse (ao pedir que a mulher lhe desse água do poço) *Todo aquele que bebe desta água tornará a ter sede* (13), referia-se ao corpo do desejo, ou astral. Homens e mulheres estão continuamente tentando beber do poço do mundo – que satisfaz os desejos do corpo astral – em vez do espírito, da vida espiritual. Se um homem satisfaz apenas o desejo do corpo, então o desejo corporal obtém, com o tempo, o controle, e por mais que ele beba desse poço, sua sede nunca é satisfeita. O homem dirigido pelo desejo do corpo fica cada vez mais arrebatado; ele abusa dos sentidos, sem, no entanto, sentir-se satisfeito. Permanece sozinho e infeliz pois bebe apenas do poço do mundo. Mas Jesus deixou bem claro que se a mulher pedisse a ele, ele lhe daria água, a água do espírito, que a satisfaria totalmente e saciaria sua sede para sempre.

No Oriente, os mestres estimulam seus discípulos a disciplinarem o desejo do corpo através de uma vida frugal, de uma abstinência contínua. Os psicólogos modernos, contudo, afirmam que se esses desejos e instintos são prementes para um homem, ele deve satisfazê-los para ficar livre deles. Jesus indicou que esse também não é o caminho verdadeiro. O homem não deve dar ênfase aos seus desejos e apetites, nem lutar ou se viciar neles, mas sim transmutá-los pelas suas aspirações. Não sugerimos, por exemplo, que ele tenha longos períodos de jejum, mas sim que deve ser moderado e cultivar o gosto pela comida pura, preferindo os alimentos da Terra na condição mais natural possível, sem nunca deixar, ao mesmo tempo, de agradecer e glorificar a Deus por todas as dádivas que a vida traz. Não tente aniquilar o desejo. Não se torne um asceta, mas cultive o paladar mais refinado; e na aceitação e alegria daquilo que o mundo oferece, tente purificar e transmutar os sentidos até não se contentar mais com a água que não sacia a sede; até que, procurando sempre pelo espírito divino, por Cristo, por amparo, sua alma se torne pura por ser alimentada pela água viva de Cristo. *Todo aquele que beber da água que eu lhe der, nunca mais terá sede* (14)... Desse modo, os apetites e desejos carnais são dominados pela graça e humildade de Cristo. Ou, agradecendo e glorificando a Deus, você está transmutando as partículas do corpo e da alma no corpo vivo do Cristo cósmico.

(4:26-54) *Disse-lhe Jesus: Sou eu, que falo contigo. Nisto chegaram os seus discípulos, e maravilharam-se de que ele estivesse falando com uma mulher. Nenhum contudo lhe disse: O que procuras? ou Por que falas com ela?*

A mulher, então, deixou o seu cântaro e foi à cidade, dizendo aos homens: Vinde ver um homem, que me disse tudo o que eu tenho feito; será este porventura o Cristo? Eles saíram, pois, da cidade e foram ter com ele.

Enquanto isso, seus discípulos instavam com ele, dizendo: Mestre, come. Mas ele respondeu-lhes: Tenho para comer um alimento que vós não conheceis. Pelo que diziam os discípulos uns aos outros: Será que alguém lhe trouxe de comer? Disse-lhe Jesus: O meu alimento é fazer a vontade daquele que me enviou e consumar a sua obra. Não dizeis vós que ainda há quatro meses até a colheita? Mas eu vos digo: Levantai os vossos olhos e vede os campos que já estão brancos para a colheita. Já o ceifeiro recebe o seu salário e recolhe fruto para a vida eterna, para que, assim o que semeia, como o que ceifa, juntamente se regozigem. Porque nisto se verifica o ditado: Um é o que semeia, outro o que ceifa. Eu vos enviei a ceifar onde não trabalhastes; outros trabalharam e vós aproveitastes os seus trabalhos.

E muitos samaritanos daquela cidade creram em Jesus, por causa da palavra daquela mulher, que dava este testemunho: Ele me disse tudo o que tenho feito. Por isso, indo ter com ele, os samaritanos pediram-lhe que ficasse com eles. E ele ficou lá dois dias. E muitos mais creram nele em virtude da sua palavra. E diziam à mulher: Não é mais pela tua palavra que cremos nele, mas porque nós mesmos o ouvimos, e sabemos que ele é verdadeiramente o Cristo, o Salvador do mundo.

Passados dois dias, partiu Jesus dali para a Galiléia. O próprio Jesus havia declarado que um profeta não é honrado na sua pátria. Quando, pois, chegou à Galiléia, receberam-no os galileus, tendo visto todas as coisas que ele tinha feito em Jerusalém no dia da festa, pois também eles tinham ido à festa. Foi, pois, novamente a Caná da Galiléia, onde tinha convertido a água em vinho. E havia ali um fidalgo, cujo filho estava doente em Cafarnaum. Ouvindo dizer que Jesus viera da Judéia para a Galiléia, foi ter com ele e rogava-lhe que fosse à sua casa curar seu filho, que estava à morte. Disse-lhe Jesus: Se não virdes milagres e prodígios, não credes. Disse-lhe o fidalgo: Senhor, desce antes que meu filho morra. Disse-lhe Jesus: Vai, o teu filho vive. O homem acreditou no que Jesus lhe havia dito, e partiu. Ele já descia, quando os seus criados vieram-lhe ao encontro, e deram-lhe a nova de que seu filho vivia. Perguntou-lhes, então, a hora em que o doente começara a se sentir melhor. Eles disseram-lhe: Ontem, à hora sétima, a febre o deixou. Reconheceu então o pai ser aquela mesma hora em que Jesus lhe dissera: O teu filho vive; e acreditou nele, e toda a sua família. Foi este o segundo milagre que Jesus fez, ao voltar da Judéia para a Galiléia.

O meu alimento é fazer a vontade daquele que me enviou (34). Isso significa que o ato de amor era o alimento, a ação de dar constituindo-se em alimento para ele. Jesus explicou que seu alimento era a vontade de agir. Isso é importante, pois trata-se de uma lei cósmica segundo a qual ao dar você recebe, e se você receber deve sempre dar de novo. Viver a Palavra de Deus, servindo aqueles para quem ele havia sido enviado por seu Pai era alimento para Jesus.

Devemos acrescentar que várias vezes no evangelho, Jesus conheceu as verdades da reencarnação e do karma; sem o conhecimento da reencarnação, não podemos compreender por completo o significado subjacente a seus ensinamentos. Por exemplo, ao se referir a determinadas pessoas, ele indicava que sabia para quem havia sido enviado pois ele tinha o poder de ver suas vidas passadas. Ele podia ver o karma, tanto o bem quanto o mau, que suas almas haviam acumulado, e sabia o que o futuro lhe traria por causa do que acontecera no passado. Ele falou da semeadura e da colheita e concluiu que a colheita da semente plantada numa vida normalmente não se faz nessa mesma vida. Portanto, um Mestre planta sua "semente", mas a colheita talvez só apareça muitas encarnações depois. Aquele que semeia e aquele que colhe não são necessariamente a mesma pessoa; a verdade que o Mestre comunica pode ser nova para alguns, enquanto que ela pode ter sido semeada em outros, no passado; para estes, na atual encarnação, os campos estarão brancos para a colheita. Em outras palavras, pode haver muitos preparados para seguir seu mestre. Quando os campos ficam esbranquiçados, o mestre vem e, reconhecendo os seus, reúne a colheita.

É como a parábola do semeador – outro exemplo das sementes que, embora plantadas, não crescem imediatamente. Os que ouviram a verdade se dispersam. Nada mais se ouve a respeito deles nessa encarnação, mas algum dia os campos mostram-se prontos para a colheita. Por exemplo, nos versículos 39-42 afirma-se que muitos samaritanos acreditaram, não por causa de qualquer demonstração de poder psíquico, mas porque, tendo ouvido a palavra viva do Mestre, o seu eu interior lhes disse que ele falava a verdade e o aceitaram.

No versículo 21, quando Jesus fala a respeito da adoração: *É chegada a hora, em que não adorareis o Pai nem neste monte, nem em Jerusalém* – ele estava indicando que a verdadeira adoração só pode acontecer no templo interior do homem, e que quando a mulher fosse submetida à iniciação que estava ao seu alcance, toda a sua vida se expressaria na adoração.

Os que o adoram devem adorá-lo em espírito e verdade (24) – adorá-lo, isto é, não em algum templo exterior, mas no templo vivo de seu próprio ser, adorá-lo vivendo de um modo puro, saudável, natural.

Ah, se o homem pudesse compreender a santidade de seu próprio corpo em vez de olhá-lo como algo a ser extenuado, tolerado, negligenciado! Se o homem se desenvolvesse para reverenciar seu corpo e aprender a se inspirar nas forças vitais de Deus, a limpar o corpo com água pura, a comer os frutos puros da Terra e a beber a água pura da fonte! Se ele aprendesse a manter seu corpo aprumado, equilibrado e gracioso, com os pés firmemente plantados e todo o seu ser ereto, e permitisse que a luz do Sol se derramasse em seu coração glorificando a Deus! Na verdade, isso significa comer o alimento e beber a água viva de Cristo. Jesus não disse à mulher no poço que ela devia pedir pela água viva indicando ao homem a importância da prece? A alma deve aspirar, orar sincera e verdadeiramente: "Que eu seja abençoado no meu trabalho, nas minhas ações, com a graça de Tua vida vivificando este templo da Tua criação, o meu corpo. Que eu viva de modo que todas as minhas obras sejam uma bênção e um sacramento. Que eu não profane o Teu templo."

Os últimos versículos do capítulo, onde se fala a respeito da cura do filho de um fidalgo que pediu ajuda a Jesus, demonstram claramente um caso de cura a distância. Toda cura é psíquica, pois a doença do corpo é o resultado do desassossego da alma ou psique. Você pode não concordar com essa afirmação, mas trataremos novamente do assunto mais adiante, e acreditamos que você perceberá que o que dissemos é verdade.

5

A Cura pelo Espírito

A verdade deve ser buscada não apenas com a mente mas precisa ser encontrada como uma resposta nas profundezas do seu ser, nas vibrações do LOGOS. Nossas palavras talvez o ajudem a estimular uma certa resposta em si mesmo; mas, se quiser ganhar sabedoria e realização, você deve ouvir a voz interior que fala no mais íntimo de você. Não apenas ler as palavras, mas tentar sentir e reagir à influência dos mensageiros celestes que descem pelas esferas para se aproximar e inspirar a humanidade. Esses mensageiros celestes derramam sobre você a irradiação do amor, e sua luz permeia todos os átomos do seu veículo físico, astral e espiritual, vivificando sua consciência para a obtenção da vida celeste. A influência deles pode inclusive afetá-lo de uma forma inconsciente, de modo a fazer com que em sua vida diária você aja espontaneamente em resposta aos bons estímulos. A amabilidade, o auxílio, o amor, tornam-se instintivos e habituais, como nos santos, em quem encontramos uma luz incandescente, uma glória sempre brilhante.

O homem verdadeiro proclama a verdade não por ele mesmo, "não no seu próprio nome", mas por ser inconsciente de qualquer coisa que não seja o divino. Vivendo, movendo-se e tendo seu ser em Deus, está continuamente recebendo amor divino. Vivendo na luz, a luz brilha através dele.

O quinto capítulo do evangelho, que começamos a tratar agora, refere-se em grande parte à saúde. Antes de examiná-lo detalhadamente, gostaríamos de falar em linhas gerais sobre o assunto da cura psíquica ou da alma. Você certamente se lembra de nossa afirmação de que todas as doenças são determinadas pela psique; tendo isso em mente, utilizam-se ervas e remédios específicos. Estes, afetando a psique, preparam o caminho para receber o verdadeiro poder de cura de Deus; eles contêm elementos que contribuem com o psíquico bem como com o corpo físico. É pela psique, ou corpo psíquico, que se verifica a cura do corpo físico.

Neste capítulo faremos uma referência ao movimento das águas do poço chamado "Betesda". De acordo com os relatos, quando a água ficava agitada, o doente lançado nela recebia a cura. A nossa interpretação disso é que a psique do homem precisa primeiro ser preparada.

Uma vez que afirmamos que a doença é determinada pela psique ou pelo subconsciente (ou pelo que pode ser melhor descrito como a pré-consciência do homem), gostaríamos de acrescentar que algumas doenças se devem também à obsessão incompreendida. As raças antigas tinham plena consciência de que a mente subconsciente era a base de muitas doenças. O feiticeiro, como era chamado o homem que possuía um conhecimento especializado, trabalhava no subconsciente do paciente e, pelo seu tratamento, libertava-o de certas inibições e do desassossego. Havia contudo determinadas condições que não podiam ser avaliadas dessa maneira. Do mesmo modo, o psicólogo moderno se vê impotente de vez em quando. Se ele pudesse reconhecer as leis da reencarnação e do karma veria que muitas doenças devem-se, não apenas às memórias subconscientes alimentadas pelo corpo físico, mas também às memórias da alma.

Uma pessoa, por exemplo, pode ter criado uma determinada doença há muito tempo, por suas más ações, seus maus pensamentos, ou por ambição pelo poder; por causa disso, é possível que tenha atraído certas forças chamadas de "negras". Estas formas elementares, por estranho que possa parecer, têm uma vida muito longa. Essas situações passadas – que chamaremos de "estados pré-conscientes" – tendem a retornar para a alma quando ela reencarna, de modo a fazê-la entrar no "julgamento" referido neste capítulo. Os demônios atraídos e acumulados na aura do homem retornam em encarnações subseqüentes, quando então devem ser encarados, expiados.

Tem sido dito que formas elementares que o homem criou para si mesmo podem penetrar, apegando-se à aura; algumas vezes é possível que sejam vistas por um clarividente adiantado. Essas formas, trabalhadas pela psique, alcançam afinal o corpo físico e manifestam-se como uma doença; ou então, graças à sua influência, é possível a ocorrência de um acidente. Não existe sorte ou azar. Quando a lei divina da vida é compreendida vê-se que todas as coisas se originam de uma causa mais profunda do que a falta de cuidado ou ignorância.

Certas doenças parecem ser incuráveis, e sem nenhuma razão aparente o paciente desliza pelas mãos do médico; isto significa que as condições específicas trazidas do passado estão trabalhando para concluírem a si mesmas, quando então são exterminadas, expiadas. O homem pode ter criado essas formas elementares por sua paixão, avareza, ou pelo desejo de poder sobre seus companheiros; na verdade, tudo o que se opõe ao amor puro e à verdadeira fraternidade vem da escuridão. Se essas formas elementares não são expurgadas numa encarnação, elas esperam até a encarnação seguinte, e assim por diante – *até a terceira ou quarta geração* (ou encarnação) (Êxodo 20:5). O verdadeiro curador deve lembrar-se de que nem sempre tem plena certeza de que a cura do corpo aconteça. Às vezes, um bem indiscutível advém para a alma pelo sofrimento e morte do corpo. Como as pessoas seriam mais felizes se fossem capazes de reconhecer a sábia e bela lei do Pai-Mãe-Deus que guia toda a vida humana! Pois então seriam capazes de dizer verdadeiramente : "Que vossa vontade seja feita."

Essas palavras, contudo, não significam que devemos nos sentar e deixar Deus nos esperando. Não, elas significam que tendo feito o melhor que podíamos de acordo com nossa compreensão, tendo nos preparado de todos os modos para que o amor divino trabalhe em nós, então devemos descansar no amor de Deus. A vontade de Deus é sábia e, acima de tudo, amorosa; ela é também uma lei exata e perfeita. Uma vez que a alma do homem pode responder com absoluta pureza ao amor ou à vida de Deus, seu corpo será total e repentinamente curado pela verdadeira cura espiritual. Essa cura profunda, na verdade, é rara, pois poucos estão prontos para se entregar completamente ao amor de Deus. Deus *é* vida.

Não basta dizer "eu acredito no amor de Deus", pois, na verdade, a alma deve *tornar-se* o amor divino, o que é raro. Se você estudar a vida dos santos e principalmente a de Jesus, perceberá o verdadeiro significado da palavra amor; verá o fluxo constante desse verdadeiro espírito de amor. Chamá-lo-emos de "meigo Jesus"? Gostamos dessa expressão que transmite com tanta clareza e simplicidade o significado do amor: *Meigo* Jesus. Jesus que nada negava mas continuamente dava; que derramava amor em todas as criaturas, em todos os homens, do mais elevado ao mais humilde. Todas as qualidades nobres e refinadas que existem podem ser manifestadas pelo espírito no homem, como estão sendo continuamente expressas pela lei cósmica que governa a vida. Até mesmo o que é erroneamente chamado de "mal" é usado como uma ferramenta de trabalho por Deus para desenterrar o tesouro – por sua vez utilizado primeiro para destruir, demolir, e depois para reconstruir e recriar.

O poder psíquico, o poder de cura, funciona no corpo físico através da psique. Entretanto, Jesus mostrou que havia um método melhor. Jesus curou por meio da expansão de seu amor puro – o amor era a chave, o amor era o segredo –, mas esse amor é raramente vivenciado ou compreendido pelos homens na Terra. Jesus, ou o Cristo nele, alcançou uma unidade tão completa com o Pai que recebeu a força vital de Deus sem obstruções. Vida é amor. Ele era capaz não apenas de transmitir esse amor, mas podia vivificar as vibrações de seu paciente de modo que a alma doente era elevada e reagia ao amor divino. Por si mesmo, o paciente pode fracassar; mas com a ajuda pura e perfeita de um homem como Jesus Cristo, ele é capaz de reagir ao poder divino que tende a restabelecê-lo.

Vamos agora estudar o quinto capítulo:

(5:1-9) *Depois disto, houve uma festa dos judeus e Jesus subiu a Jerusalém. Ora, há em Jerusalém, perto do mercado das Ovelhas, uma piscina, chamada em hebraico de Betesda, a qual tem cinco pórticos. Nestes estava uma grande multidão de enfermos, cegos, coxos, paralíticos, esperando o movimento da água. Porque um anjo do Senhor descia de tempos em tempos e agitava a água. O primeiro que descesse à piscina, depois do movimento da água, ficava curado de qualquer doença que tivesse. E havia ali um homem que há trinta e oito anos se achava enfermo. Jesus, vendo-o deitado, e sabendo que ele estava assim há muito, disse-lhe: Queres ficar curado? O enfermo respondeu-lhe: Senhor, não tenho uma pessoa que me lance na piscina quando a água é agitada; mas enquanto eu vou, outro desce antes de mim. Disse-lhe Jesus: Levanta-te, toma o teu leito, e anda. No mesmo instante, ficou são aquele homem, tomou o seu leito e andou. Ora, esse dia era um sábado.*

Um ponto interessante aqui é o anjo agitando as águas. Anjos de cura estão sempre presentes durante o que é chamado de "cura espiritual". Num grupo de cura* ausente as pessoas sentadas preparam-se e conclamam os anjos de cura, os anjos de Cristo; os anjos se aproximam e, como diz a Bíblia, "agitam as águas". Em outras palavras, eles agitam a *alma* do paciente para que reaja ao raio de cura.

É comum questionar-se se a música e a cor também afetam a psique. Sim, as vibrações do som e da luz podem estimular os centros psíquicos de modo que a alma receba a cura. Assim também certas ervas e minerais podem "agitar as águas", ou preparar a alma ou psique.

Chamamos sua atenção para a complementação dessa cura: *Levanta-te, toma o teu leito e anda* (8). A ordem do Pai, proferida pelo Filho, a ordem do Pai ao Filho interior, ao Filho que está no paciente. *Levanta-te* – e o espírito de Cristo levantou-se imediatamente. O brado foi para o Cristo adormecido na alma desse homem doente. *Levanta-te irmão, toma o teu leito e anda.* "Ouça o chamado de Cristo, Filho de Deus. Não pare de se empenhar até que a meta da liberação espiritual seja alcançada... alcance a visão espiritual, a emancipação espiritual!" O desafio foi para o espírito adormecido acordar do sono. Toma teu leito e anda – ou, em outras palavras, expressa-te ativamente através desse homem.

---

* White Eagle refere-se aqui à cura a distância, como é praticada na Loja White Eagle.

(5:10-18) *Por isso os judeus diziam ao que tinha sido curado: Hoje é sábado: não te é lícito carregar o teu leito. Ele respondeu-lhes: Aquele que me curou, me disse: Toma o teu leito e anda. Perguntaram-lhe então: quem é esse homem que te disse: Toma o teu leito e anda? Porém o que tinha sido curado não sabia quem ele era, porque Jesus tinha desaparecido sem ser notado, devido à multidão que estava naquele lugar. Depois disto Jesus encontrou-o no templo e disse-lhe: Eis que estás curado; não peques mais, para que te não suceda alguma coisa pior. O homem saiu e disse aos judeus que era Jesus quem o tinha curado. Por isso os judeus perseguiam Jesus, porque fazia estas coisas no sábado. Mas Jesus lhes respondeu: Meu Pai trabalha até hoje, e eu trabalho também. Por isso os judeus procuravam com mais empenho matá-lo, porque não somente violara o sábado, mas também dizia que Deus era o seu Pai, fazendo-se igual a Deus.*

Que controvérsia criaram os judeus por ter Jesus curado num sábado! A preocupação de todos eles foi com relação ao cumprimento da lei, em vez de estarem interessados nas coisas do espírito. Jesus mostrou que a lei não era tão importante; mostrou também que o templo de Deus não era construído de pedras nem de tijolos mas era a consciência do homem enquanto adorava a Deus. Jesus reconheceu o ser mais íntimo do homem como o verdadeiro templo de adoração. O "sábado" é qualquer dia em que o homem expressa apenas amor e faz a vontade de seu Pai. Qualquer dia é sábado para o homem expressar amor a Deus.

Depois disto, Jesus encontrou-o no templo e disse-lhe: Eis que estás curado; não peques mais, para que te não suceda alguma coisa pior (14). Está bem claro para você que quando Jesus curava um corpo doente ou aleijado com um milagre, essa cura podia durar apenas pelo período de uma vida, caso a alma do homem falhasse na resposta? Por outro lado, se a alma fosse vivificada pelo amor divino, a cura podia ser eterna, pois o karma seria transmutado. Sem essa transmutação pelo amor a alma encarnada será confrontada por seu karma em vidas sucessivas. Observe como Jesus, por sua ação, afetava o karma daqueles a quem curava. Até mesmo ao ser crucificado ele fez milagres, agindo com suprema compaixão e amor, atraindo para si o karma daqueles a quem salvou. Neste caso, o paciente sentiu-se em dívida para com Jesus por sua cura; portanto, um novo karma foi criado, mas Jesus não quis nenhuma retribuição por isso. Assim, Jesus ajudava as almas a se regenerarem, a transmutarem seu karma. Em vez de exigir qualquer tipo de compensação, Jesus devolvia amor e auxiliava as pessoas a expiarem seu karma passado.

Se você puder retribuir com amor em vez de ressentimento e ódio a qualquer um que o ofender, libertar-se-á da dependência do seu karma com relação a essa pessoa, e a liberará. Assim fazendo, Jesus alterou o karma de muitas almas durante sua missão, influenciando e modificando o karma do mundo desde então; simplesmente com seu amor: com o amor é possível transmutar o karma.

(5:19-20) *Respondeu, pois, Jesus e disse-lhes: Em verdade, em verdade vos digo, o Filho, por si mesmo, nada pode fazer, mas só aquilo que vê o Pai fazer, porque tudo o que fizer o Pai, o faz igualmente o Filho. Porque o Pai ama o Filho, e mostra-lhe tudo o que ele faz, e lhe mostrará obras maiores do que estas, para que vos admireis.*

O Filho não pode fazer nada por si mesmo, mas consegue executar o que ele vê o Pai fazer. O Filho, o Filho Cristo, habita no homem e somente quando responde à vontade do Pai consegue fazer algo por si mesmo. Que a glória do Filho, brilhando por meio de Jesus realizado, se cumpra no devido curso por todos os filhos de Deus quando estes tiverem satisfeito os requisitos da lei espiritual que permite o cumprimento daquilo que chamamos de milagres. Quando o homem vir, compreender e responder, o Cristo no indivíduo fará então a vontade do Pai por intermédio dele e crescerá em direção a Deus.

(5:21-22) *Porque assim como o Pai ressuscita os mortos e lhes dá vida, assim também o Filho dá vida àqueles que quer. Porque o Pai a ninguém julga, mas confiou ao Filho todo julgamento.*

Deus não julga os homens, mas as leis de Deus são inevitáveis e imutáveis. Deus não julga, ele deixa o julgamento ao Filho.

O Filho está no homem, e o homem no final julgará a si mesmo.

Nos é dito que a alma do homem comparecerá diante do julgamento, diante do trono de Deus. Esse ensinamento antiquado e ortodoxo contém, entretanto, uma verdade fundamental, pois quando a alma eleva-se, afinal, diante da glória da luz ela não pode ajudar-se a não ser julgando a si mesma. Sem que a alma veja a si mesma, julgue a si mesma, ela não poderá progredir. As mesmas lições se apresentam em encarnações sucessivas; a cada vez elas são deixadas de lado até que em algum momento crucial a alma vê a si mesma revelada como é realmente. Ela se conhece – "o homem conhece a si mesmo" – e se julga. Nas antigas e misteriosas escolas, o neófito era colocado diante de um espelho mágico, no qual via a si mesmo, via seu eu interior refletido. E ele, e o filho nele julgava a si mesmo.*

Há outra interpretação. A vida do Pai é amor; e pela vida do Pai passando ao Filho, o Filho também torna-se amor absoluto e puro. Agora, quando um homem é preenchido assim pela vida ou amor de Deus, ele não julga mais pela lei da Terra e sim pela lei do céu. Seu julgamento é então de amor. Por outro lado, quando o amor julga, não pode haver julgamento errôneo. Só o amor absoluto tem condições de julgar corretamente. Você não pode ver? O amor só pode dar poder para julgar ou discriminar sabiamente.

(5:23) *A fim de que todos honrem o Filho como honram o Pai. Quem não honra o Filho não honra o Pai que o enviou.*

Meu irmão, uma verdade maravilhosa é revelada por essas palavras. Tentaremos torná-las as mais simples possíveis. Honrar o Filho é honrar o Cristo revelado a nós como o Filho de Deus por intermédio de Jesus. Nós honramos, nós adoramos... mas não honramos nem servimos o irmão ao nosso lado; na verdade, o condenamos. Contudo, Jesus diz claramente a seus ouvintes para honrarem o Filho, pois se não fizerem isso, como poderão honrar a Deus que o enviou? O Filho vem do Pai, e esse Filho é seu irmão, pois o Filho vive em seu irmão. Quando isso for compreendido, começaremos a ver o alvorecer da fraternidade entre os homens. Todo homem deve honrar seu irmão – este é o ensinamento perfeito de fraternidade.

---

* Veja o Apêndice, pág. 194: "Julgamento."

(5:24-29) *Em verdade, em verdade vos digo, que quem ouve a minha palavra e crê naquele que me enviou tem a vida eterna e não incorre em condenação, mas passou da morte à vida. Em verdade, em verdade vos digo que vem a hora – e é agora – em que os mortos ouvirão a voz do Filho de Deus, e os que a ouvirem, viverão. Porque, assim como o Pai tem a vida em si mesmo, assim concedeu ao Filho ter vida em si mesmo; e lhe deu o poder de julgar, porque é Filho do homem. Não vos admireis disso, porque virá o tempo em que todos os que repousam nos sepulcros ouvirão a sua voz e sairão; os que tiverem feito o bem, para a ressurreição da vida; mas os que tiverem praticado o mal para a ressurreição da condenação.*

O Mestre, ao falar da ressurreição da vida, disse de fato: "Aqueles que tiverem feito boas obras – levantar-se-ão da morte." Houve quem pensou que isso significasse que os corpos dos bons se levantariam de suas sepulturas; lemos, no entanto, nas palavras do Mestre que quando ele se refere à alma elevando-se para a vida eterna, quer dizer que a alma se tornará tão pura e viva a ponto de não precisar reencarnar novamente, elevando-se, portanto, da morte para a glória. A alma condenada à "ressurreição de danação" (cremos que a tradução de algum modo saliente demais o caso) terá de reencarnar, terá de se submeter a futuros períodos de aprisionamento na carne, até que todas as lições tenham sido aprendidas, e ela herde, afinal, a vida eterna. Você encontrará uma verdade semelhante nos ensinamentos de Buda. Os budistas buscam a liberação do ciclo de renascimentos e empenham-se a viver de modo a evitar que a criação do karma carnal os obrigue a esse ciclo.

(5:30-4) *Eu não posso por mim mesmo fazer coisa alguma. Julgo segundo o que ouço, e o meu julgamento é justo, porque não busco a minha vontade, mas a vontade daquele que me enviou. Se eu dou testemunho de mim mesmo, meu testemunho não será verdadeiro. Um outro é o que dá testemunho de mim; e eu sei que é verdadeiro o testemunho que ele dá de mim. Vós enviastes mensageiros a João, e ele deu testemunho da verdade. Eu, porém, não recebo o testemunho do homem, mas digo-vos estas coisas, a fim de que sejais salvos. Ele foi uma lâmpada que ardia e iluminava. E vós por poucos momentos quisestes alegrar-vos com a sua luz. Eu, porém, tenho um testemunho maior que o de João. Porque as obras que meu Pai me deu para realizar, estas mesmas obras que eu faço dão testemunho de mim, de que o Pai me enviou. E o Pai que me enviou, esse mesmo deu testemunho de mim. Vós nunca ouvistes a sua voz, nem vistes a sua face, e sua palavra não permanece em vós, porque não credes naquele que ele enviou. Examinais as Escrituras, visto que julgais ter nelas a vida eterna; ora, elas são as que dão testemunho de mim. E não quereis vir a mim, para terdes a vida.*

João era uma luz (assim como todos os homens sábios são iluminados), mas o Filho do homem deve seguir a sua própria luz, mais brilhante do que qualquer uma que possa vir dos outros. Você pode procurar um mestre e ver nele uma irradiação espiritual, mas não tão grande como a dessa luz do Pai-Mãe no filho Cristo, a luz maior, que ilumina cada homem. Não a luz de outra alma, mesmo boa, mas a luz do Filho interior, o caminho, a verdade e a vida. É por isso que dissemos a você para não fazer o que *nós* dizemos, para não depender de *nós*; você deve seguir a luz do seu coração. Sua resposta ao LOGOS será a sua verdadeira luz.

(5:41-47) *Não recebo a glória dos homens, mas sei que não tendes em vós o amor de Deus. Eu vim em nome do meu Pai, e vós não me recebeis; se vier alguém em seu próprio nome, recebê-lo-eis. Como podeis crer, vós que recebeis glória uns dos outros e não buscais a glória que vem só de Deus? Não julgueis que sou eu que vos hei de acusar diante do Pai; Moisés, em quem vós confiais, é que vos acusará. Porque se crêsseis em Moisés, haveríeis de crer em mim; porque ele escreveu de mim. Porém, se não dais crédito aos seus escritos, como haveis de dar crédito às minhas palavras?*

Ele que veio em nome do Pai permanecia gentil e vivia com freqüência humildemente, sem fazer proclamações. E o mundo não o recebeu. Mas, esse mesmo mundo, aceita o homem que vem em seu próprio nome e com muito alarde. No entanto, meu irmão, o que devemos ver no nosso irmão, é o doce amor interno do Filho, e nada mais. Nome, posição, riqueza, tudo isso não é nada comparado com a luz interior do Filho. É essa luz que devemos buscar em nosso irmão, é essa luz que devemos aprender a reconhecer, e é a ela que devemos responder.

Nesses versículos, o Mestre Jesus está falando da realidade e da verdade eternas, procurando estimular em seus ouvintes uma resposta ao LOGOS, à verdade que existe desde o princípio e que foi incorporada em todos os ensinamentos das escolas do oculto. Jesus falou de Moisés como de alguém que conheceu a verdade da Sabedoria Antiga... *se crêsseis em Moisés, haveríeis de crer em mim* (46). Quando um homem responde à voz de Deus no seu interior, ele conhece a verdade. Ele não precisa ser convencido, não precisa de argumentos. A verdade está nele e o vivifica, trazendo-o para a vida. Ele se levanta da morte para a vida. Tudo isso foi falado pelo Filho do Pai, pela luz verdadeira que chamamos de Cristo, que brilha através de Jesus – a luz que é do Pai, e que pode vir para o ser do homem como um resultado de sua resposta à vibração do Logos.

A vontade de seu Pai-Mãe é a de que os homens se amem uns aos outros. Fazer a vontade de Deus é amar, e amando e obedecendo à Sua vontade e mandamento, você conhecerá a verdade. A verdade o libertará de todos os cativeiros, físicos, mentais e astrais, do desejo, da doença, do sofrimento e do karma. Ela o libertará do karma e do renascimento. A verdade do Cristo interior liberará a alma para a liberdade eterna.

Vamos agradecer a Deus, meu irmão, por todo o amor, verdade e felicidade que sentimos. Sem o amor de Deus, não somos nada. Sem esse espírito do Pai-Mãe, não somos nada. Qualquer felicidade que você sinta, qualquer alegria que surja, meu filho, é o resultado da sua aceitação de Deus e da grande companhia dos anjos e dos homens.

Pai-Mãe-Deus, nós Vos agradecemos; Vos agradecemos por esta oportunidade de aprender convosco. Vos agradecemos pelo amor e pela luz que brilha dentro do nosso ser. Fazei conosco como quiserdes; Vós sereis em nós. Pois Vós sois toda a sabedoria e amor, e Vossa vontade nos dá saúde, santidade, perfeição e felicidade.

6

O Pão da Vida

O ensinamento místico encontrado no Evangelho de São João, quando bem compreendido, contém tudo o que o homem precisa para a sua vida espiritual. Por outro lado, muita coisa permanece sem explicação no ensinamento de Cristo. As palavras de Jesus geralmente são interpretadas no plano material, mas quem estuda a verdade espiritual reconhece que tal ensinamento possui um tríplice significado, podendo ser interpretado em três níveis. Vamos ilustrar isso: o sexto capítulo de São João normalmente é interpretado no nível físico, mas refere-se também ao plano mental, e depois faz uma distinção entre o mental e o espiritual. A pedra preciosa da verdade tem muitas facetas: todas elas complementam uma à outra, nenhuma contém a verdade total; em cada uma brilha um raio da verdade e todas recebem sua iluminação a partir do centro da pedra preciosa. A essência do todo reside no seu significado espiritual.

As pessoas freqüentemente cometem o erro de separar os vários aspectos da verdade; tentam divorciar o material do espiritual. Isso não está certo – você deve olhar a vida como um todo, reconhecendo o propósito e o valor de cada aspecto e harmonizando-os numa única expressão perfeita da verdade. Você não diz: "Minhas mãos nada têm a ver com meus pés. Não posso usar as mãos para caminhar, portanto vou deixá-las de lado." Suas mãos têm funções que só elas podem executar; seus pés também têm sua própria função. Assim é em todos os planos do ser, em todos os aspectos da verdade. O físico tem a sua função e propósito, do contrário, Deus não o teria criado; e a vida material também tem seu lugar no desenvolvimento do homem. Não podemos deixar de lado os deveres materiais, pois estamos na Terra para dominar a matéria, e a alma que não observa para onde está indo leva um tombo e sofre alguns cortes e arranhões. Deve haver um equilíbrio harmonioso entre todos os planos do ser. Harmonia, equilíbrio, este é o objetivo da vida.

Teremos em breve a história de como Jesus alimentou cinco mil pessoas, e de como ele caminhou sobre as águas. Agora, vamos ao que temos a dizer sobre a interpretação da verdade em diferentes níveis; os milagres podem acontecer e acontecem nos planos físico e material. "Milagre" é uma palavra usada para descrever um acontecimento que não obedece às leis físicas conhecidas; na verdade, o milagre é um resultado do trabalho externo natural da lei divina num estado físico.

Naquela ocasião, havia apenas dois pequenos peixes e cinco pães para alimentar a multidão. Quando eles foram abençoados pelo Mestre e distribuídos para as cinco mil pessoas, mostraram-se suficientes para todos, e nada menos de doze cestas de alimentos permaneceram intocadas, sendo que os doze cestos continham mais comida do que havia no início. É possível que esse milagre realmente tenha acontecido? Sim, pois o Mestre compreendia a lei espiritual. Ele era um mestre da matéria, e sabia como usar o poder criativo no seu interior para manipular os átomos da matéria. Pelo processo de elevação da consciência, esse ato criativo pôde acontecer; o alimento adicional pôde ser materializado a partir da substância universal da vida por alguém que era um mestre, um mestre de toda a matéria. Todas as nossas necessidades podem ser supridas quando compreendemos o poder do amor.

Ao mesmo tempo, há outra interpretação desse milagre. Comumente lemos que Jesus "subiu à montanha para orar"; com freqüência ele levava seus discípulos com ele. Isso significa que Jesus elevava sua consciência e a de seus discípulos para um nível mais elevado – ele "subia à montanha".

Nós também podemos fazer isso, num grau menor; ao meditar, nosso primeiro alvo é subir transcendendo o plano terrestre. Subimos como se estivéssemos numa montanha; e quando nos estabelecemos, o mestre vem. Primeiro, temos de ser elevados acima das coisas materiais e alcançar as celestiais. Nesse estado de consciência, temos experiências totalmente impossíveis de explicar ou mesmo de se falar a respeito, pois nenhuma palavra seria adequada para exprimir o que vemos.

Depois de subir para o alto da montanha da prece, da aspiração, Jesus reuniu um grande séquito ao seu redor. Poderia tratar-se de uma multidão de desencarnados? Acreditamos que era uma multidão de homens e mulheres carentes da verdade. Jesus, percebendo isso, começou a caminhar para eles, e pelo seu amor e poder espiritual, elevou suas vibrações; mesmo assim eles tinham fome, mesmo assim havia neles algo que ansiava pelo pão da vida, pelo alimento espiritual. Então Jesus voltou-se para os discípulos e perguntou se havia algo com que alimentá-los. Ele sabia a resposta, mas os estava testando. Um deles replicou: *Está aqui um menino que tem cinco pães de cevada e dois pequenos peixes, mas o que é isto para tanta gente?* (9).

Consideremos o simbolismo dos pães e dos peixes. Podemos ler no episódio que o próprio Mestre, em sua encarnação como Jesus de Nazaré, simbolizava os dois peixes e os pães de cevada. Era ele o alimento de que as pessoas precisavam? Lembre-se: ele foi o maior mestre da Era de Peixes, uma era simbolizada pelos peixes. Os pães de cevada simbolizavam o verdadeiro pão da vida, o pão que dá a vida. Jesus então entregou a si mesmo a Deus, ou invocou uma bênção sobre esse alimento. Em outras palavras, ele se entregou à vida divina e perfeita; o poder desceu sobre ele e o alimento, o alimento vivo da verdade, foi distribuído por meio dele a todos. Ele se deu para servir à multidão. Ora, há uma lei sobre a doação espiritual. Não se pode dar espiritualmente, sem receber algo em troca. Se você observar, perceberá que entre as pessoas que trabalham espiritualmente quanto mais é doado ao espírito verdadeiro, mais é recebido. Jesus deu tanto do seu eu espiritual que quando todos se tinham alimentado, quando todo o alimento havia sido absorvido, os discípulos trouxeram doze cestos contendo o que havia sobrado. É maravilhoso ver como, depois de o alimento espiritual ter sido vertido sobre todos, ainda sobrou o suficiente para os discípulos encherem seus cestos com os fragmentos que a multidão foi incapaz de ingerir. O suprimento da verdade espiritual, do poder espiritual é inesgotável.

Jesus falou posteriormente do "pão da vida". Ele falou do Deus Pai (seria melhor usarmos o termo Deus-Pai-Mãe, pois é impossível separar os dois) dizendo com efeito, "Vós, ó Deus, sois o pão da vida e Vós destes o Vosso espírito ao Vosso Filho. Vosso Filho partilha do Vosso espírito; portanto, o Pai e o Filho são Um só, Pai-Mãe-Filho, a família unida, sagrada, perfeita, a trindade abençoada da vida. Porque o espírito de meu Pai-Mãe habita em mim, eu sou esse pão. Não as palavras que eu digo, mas o poder que vem de mim é o pão da vida para todos os homens. Peguem e comam; este é o meu corpo."

Vemos o corpo do Cristo Cósmico permeando toda a vida, desde a celestial até a física. A Mãe-Terra, que produz o pão físico da vida, está impregnada pela luz, pelo corpo de Cristo. Pai-Mãe-Deus, Vós dais substância ao corpo, mente e espírito, suficiente para todos os planos do nosso ser!

Jesus continua dizendo que o maná que Moisés deu ao povo não era o pão do céu. Esse maná que caiu para alimentar os filhos de Israel no deserto era alimento para a mente, não para o espírito. Muitas pessoas, principalmente agora, estão buscando esse maná, o alimento mental, pensando que ele é o pão do céu, e absorvendo-se nos intrincados exercícios mentais, que mesmo sendo interessantes e entretenedores, ainda deixam o espírito com fome. O maná, que significa a mente, os atributos do plano mental, satisfez os israelitas por um tempo. Mas Jesus enfatizou que esse não era o verdadeiro pão. *Eu sou o pão da vida* (35)... "EU SOU o pão da vida", o verdadeiro pão da vida é o espírito puro de Deus, o espírito de Cristo, que transcende todas as limitações mentais e que transborda de amor. Mesmo interpretado apenas como um milagre físico, você reconhecerá na história da alimentação das cinco mil pessoas o grande amor de Jesus pelo povo e a compreensão das necessidades e sentimentos deles. Ele podia entrar na alma de cada um, sentir a fome e o desejo de cada um nele mesmo.

Gostaríamos que você lesse agora cuidadosamente o capítulo e fizesse uma interpretação da leitura à luz de nossas sugestões. Novamente dizemos, irmão, para você seguir a luz interior, para ser o seu próprio intérprete; permita que Cristo ilumine a sua mente e, provavelmente, receberá muito mais do que o que podemos lhe revelar.

(6:1-26) *Depois disto, passou Jesus à outra margem do mar da Galiléia; que é o mar de Tiberíades. Seguia-o uma grande multidão, porque via os milagres que ele fazia em favor dos enfermos. Subiu Jesus a uma montanha e sentou-se ali com seus discípulos. E a Páscoa, uma festa dos judeus, estava próxima. Levantando Jesus os olhos e vendo que vinha ter com ele uma grande multidão, disse a Filipe: Onde compraremos pão para dar de comer a esta gente? Dizia, porém, isto para o experimentar, porque ele mesmo sabia o que havia de fazer.*

Respondeu-lhe Filipe: Duzentos denários de pão não bastariam para que cada um receba um pequeno bocado. Um de seus discípulos, André, irmão de Simão Pedro, disse-lhe: Há aqui um menino que tem cinco pães de cevada e dois peixes pequenos; mas o que é isto para tanta gente? Jesus, porém, disse: Mandai sentar essa gente.

Havia naquele lugar muita relva. Sentaram-se, pois, os homens em número de cerca de cinco mil. Tomou, então, Jesus os pães, e, tendo dado graças, distribuiu-os aos seus discípulos e os discípulos para os que estavam sentados; de forma semelhante com os peixes, tantos quantos quiseram. Estando saciados, ele disse a seus discípulos: Recolhei os pedaços que sobejaram, para que nada se perca. Eles os recolheram e encheram doze cestos com pedaços dos cinco pães de cevada que sobejaram aos que tinham comido. Vendo então aqueles homens o milagre que Jesus fizera, diziam: Este é verdadeiramente o profeta que devia vir ao mundo.

Jesus, porém, sabendo que o viriam arrebatar para o fazerem rei, retirou-se de novo sozinho para o monte. Quando chegou a tarde, seus discípulos desceram para junto do mar, e, tendo subido para uma barca, atravessaram o mar em direção a Cafarnaum. Era já escuro, e Jesus ainda não tinha ido ter com eles. Entretanto o mar começava a encapelar-se, por causa do vento forte que soprava. Tendo remado cerca de vinte e cinco ou trinta estádios, viram Jesus caminhando sobre o mar, em direção à barca, e tiveram medo.

Mas ele disse-lhes: Sou eu, não temais. Quiseram então recebê-lo na barca, e imediatamente a barca chegou à terra para onde iam.

No dia seguinte, a multidão que tinha ficado na outra margem do mar advertiu que não havia ali mais que uma barca e que Jesus não tinha entrado nela com seus discípulos, mas que seus discípulos tinham partido sós. (Porém, depois arribaram outros barcos de Tiberíades, perto do lugar onde tinham comido o pão, depois do Senhor ter dado graças.) Quando a multidão viu que ele não estava ali, nem os seus discípulos, entraram naquelas barcas e foram a Cafarnaum em busca de Jesus. Tendo-o encontrado do outro lado do mar, disseram-lhe: Rabi, quando chegaste aqui? Respondeu-lhes Jesus e disse: Em verdade, em verdade vos digo, que me buscais, não porque vistes os milagres, mas porque comestes dos pães e ficastes saciados.

Esta última frase é a mais importante, e contém a chave do capítulo todo. Jesus explicou que foi porque eles comeram o pão; em outras palavras, porque seus ouvintes absorveram o espírito divino de Jesus, a luz gloriosa que veio dele, pela qual eles foram elevados, iniciados na vida superior. Não foi a visão de milagres que produziu o efeito, mas a entrada no quarto interior e o sentimento da presença de Cristo. Quando você absorve em si mesmo o Seu Ser, está comendo o pão da vida, está em comunhão com Ele. Não são as palavras nem os milagres que o surpreendem, mas o pão da vida que você absorve, a presença, o espírito, a bênção do Mestre – isto é comunhão.

O incidente de Jesus caminhando sobre a água demonstrou que ele estava acima do conflito que surge do emocional e dos planos mentais inferiores. O Mestre Jesus caminhou sobre as águas. E quando os discípulos o receberam em seu bote sacudido pela tormenta, o mar se acalmou e o barco chegou ao local onde eles queriam ir. Em outras palavras, logo que as emoções foram controladas – tão logo você, o discípulo, aceita e evoca o Cristo na sua frágil embarcação –, imediatamente está fora de perigo, no porto. Tudo está bem. Tente lembrar-se disto.

(6:27-35) *Trabalhai, não pelo alimento que perece, mas pelo alimento que dura até a vida eterna, alimento que o Filho do Homem vos dará. Porque nele imprimiu Deus Pai o seu selo. Disseram-lhe, então: Que devemos fazer para trabalhar nas obras de Deus?*

Jesus respondeu e disse-lhes: A obra de Deus é esta: que acreditais naquele que ele enviou. Mas eles disseram-lhe: Que sinal realizas, pois, para que vejamos e creiamos em ti? Que fazes tu? Nossos pais comeram o maná no deserto, segundo está escrito: "Deu-lhes a comer o pão do céu."

Respondeu-lhes Jesus: Em verdade, em verdade vos digo: Moisés não vos deu o pão do céu, mas meu Pai é que vos dá o verdadeiro pão do céu. Porque o pão de Deus é aquele que desceu do céu, e dá a vida ao mundo.

Disseram-lhe então: Senhor, dá-nos sempre desse pão. E Jesus disse-lhes: Eu sou o pão da vida; o que vem a mim, não terá jamais fome, e o que crê em mim jamais terá sede.

(Os versículos restantes deste capítulo continuam este tema.)

O que crê em mim tem sido interpretado como uma questão de fé. "Tenha fé! Acredite em mim!" Mas as palavras significam mais do que crença no sentido comum; crer em Jesus, o Cristo, significa absorver a sua vida, *viver* a sua vida; viver a verdadeira crença.

Acreditar em mim, que "EU SOU", significa sermos guiados, sermos infundidos pela vida tranqüila, pelo amor tranqüilo que nos torna como Cristo. Acreditar é *tornar-se* a luz, o amor, a sabedoria, a ternura, a justiça e a verdade de Cristo; é conhecer o poder do Cristo interior.

Um ou dois pontos surgem adiante. Lembre-se que Jesus diz, em outra ocasião (Mt. 5:8), que os puros de coração veriam a Deus. Neste capítulo, ele afirma que só aqueles que viram Deus podem reconhecê-lo (Jesus) no Filho de Deus – só o simples, aquele que é como criança, o puro. Sugerimos outra interpretação dessa mensagem relativa ao símbolo de comer o corpo e beber o sangue de Jesus. Podemos perceber aqui o ensinamento da fraternidade no seu sentido mais sábio, a fraternidade do espírito. Todo homem partilha do corpo e do sangue (da vida espiritual) do seu irmão; portanto, sente, entra em suas experiências, suas emoções, seus sofrimentos e aspirações. A fraternidade é o caminho perfeito da vida, não podemos pensar em nada superior à verdadeira fraternidade. Jesus disse: *Amai-vos uns aos outros* (Jo. 15:12); e novamente, *Amarás o senhor teu Deus com todo o teu coração, com toda a tua alma, com todo o teu entendimento* (Mt. 22:37). Com isso ele quis dizer dar o verdadeiro amor fraternal a todos os homens– não a alguns, não apenas àqueles de que você gosta, mas a todos, compartilhando com eles o pão e o vinho do espírito.

Jesus refere-se novamente aos sinais e milagres como significando pouco ou nada. O maná não dá aos homens a vida eterna. Eles não podem receber a verdadeira vida apenas pela mente ou pelo intelecto, mas pelo amor de Cristo em seus corações. O fogo divino da vida eterna brota do coração, onde Cristo habita.

7

O Discernimento dos Verdadeiros Valores

Um conto de fadas freqüentemente repetido conta a história de um príncipe que parte numa busca; ao final de sua missão, ele encontra uma bela princesa. Geralmente, o herói é avisado logo no início dos perigos que encontrará; entretanto, ele é destemido e declara que conseguirá atingir sua meta. Depois de muitas vicissitudes, ele chega ao castelo, encontra o que buscava e se casa com a princesa de seus sonhos. Essa união é o símbolo da união da alma com o eu superior, a reunião com a amada. É a história do caminho de todo homem.

O que esse conto de fadas da busca da alma tem a ver com o sétimo capítulo do Evangelho de São João? Jesus conta a seus discípulos a mesma história de um modo diferente. Todos nós fomos enviados do coração de nosso Pai-Mãe-Deus numa busca, e às vezes sofremos profundamente enquanto caminhamos pela estrada. Assim que a alma parte conscientemente para sua busca espiritual, ela se torna consciente de dois caminhos distintos; o do homem conhecedor do mundo e o do homem conhecedor de Deus. Este mundo está pronto apenas para condenar, ridicularizar, e tentar desviar o cristão humilde (como no *Viagem do Peregrino* de Bunyan) do seu caminho.

Ao ler este capítulo, você observará uma nota de controvérsia, de descrença, pois os escribas e fariseus questionam a validade dos ensinamentos de Jesus. (Eles correspondem aos intelectuais de hoje e, na verdade, de todos os tempos, pois escribas e fariseus sempre existirão; trata-se de um estágio de desenvolvimento pelo qual os homens passam.) *Admiravam-se os judeus, dizendo: Como entende ele de letras, sem ter estudado?* (15). Este é o constante problema da mente terrena. Eles não compreenderam que existe no universo um profundo poço da verdade que a alma pode tocar; a alma que chegou ao estado de verdadeira humildade, a alma que sabe que toda a verdade, toda a bondade, vem de Deus consegue alcançá-lo com meditação profunda. Jesus disse: *O bom é um só, Deus* (Mt. 19:17). A bondade tem origem em Deus; a alma iluminada está consciente de que qualquer sabedoria que ela possua não é dela mesma, mas flui do rio da verdade que é Deus, vem da mente de Deus – da mente de Deus, não da mente do eu.

Como se pode obter esse estado de aceitação da verdade vindo do domínio universal da sabedoria? Pela aspiração constante, pela sinceridade de vida numa só direção: queremos dizer com isso que a alma, uma vez consciente de que está numa busca, procurando por um terreno de valor inestimável, esforçar-se-á para entrar em sintonia com o espírito e discriminará, discernirá a essência espiritual subjacente a todas as manifestações e acontecimentos da vida.

O que é realmente sábio reconhece e discerne de modo instantâneo o caminho verdadeiro e o falso da vida; o caminho verdadeiro é aquele no qual todos os valores da vida são reconhecidos como espirituais. Os homens, em geral, julgam as coisas de acordo com seu preço no mercado, a maior parte das vezes pelas aparências exteriores. Eles vêem o ouro brilhando e pensam que isso os satisfará para sempre; apanham o ouro, trancam-no, e depois vivem e morrem salvaguardando um prêmio sem valor. Essa é a avaliação da vida pelo homem mortal. Mas o homem de Deus avalia todas as coisas por seu valor espiritual.

Às vezes é difícil discernir entre o que é valioso e o que não é. Quando, afinal, você tem certeza do seu caminho e seus valores começam a mudar, às vezes você fica ressentido; às vezes, parece que a influência espiritual acarreta uma reação inconsciente do mundo; há ressentimentos e dificuldades mesmo por parte de pessoas amáveis e bem-intencionadas. Os que tiveram alguma visão do verdadeiro caminho espiritual geralmente ficam ansiosos por compartilhá-lo com os outros;

alguns, contudo, ficam ansiosos demais, entusiasmados demais e insensatos. O homem de Deus, depois de uma pequena experiência, aprende a manter-se muito quieto e se esforça para ajudar seus companheiros apenas sendo amável e amoroso.

O Mestre estava bem consciente da existência dos conhecedores do mundo. Neste capítulo, veremos que Jesus falava o tempo todo da vida interior. Os escribas, os fariseus, muitos de seus seguidores, e até alguns de seus discípulos, mostravam-se perplexos; pensavam que Jesus os estava enganando, e tinham uma grande disposição para incitar contendas e ressentimentos contra ele. Assim, quando chegou a festa dos judeus, Jesus enviou seus discípulos ao Templo dizendo que ainda não estava pronto para ir. Contudo ele dirigiu-se para lá, tranqüilo, por si mesmo.

O que podemos ver a partir disso? Jesus se afastou de seus companheiros no plano interior da comunhão, no plano da visão, assim como você, ao entrar em meditação, afasta-se do mundo exterior, retendo, contudo, a sua plena consciência; nesse estado, um mestre não está limitado pelo tempo e espaço e é capaz de viajar na alma para onde quiser. Acreditamos, então, que Jesus entrou num estado de meditação, e nesse estado foi à festa para ver o que acontecia. Os discípulos e os judeus ficaram perplexos; sabiam que ele estava presente, em algum lugar. Sentiram medo e ficaram ressentidos pois não podiam vê-lo nem tocá-lo.

Mais tarde, Jesus explicou que iria a um lugar onde seus discípulos não poderiam segui-lo. Os judeus ficaram irritados com isso e disseram: *Para onde irá ele, que não o podemos encontrar?* (35). O local para onde Jesus ia estava além de toda compreensão intelectual, além de todo ensinamento religioso, de todo conhecimento diário. Jesus iria reunir-se com seu amado num castelo profundamente retirado. Isso não significa apenas que seu espírito, sua alma, logo passaria pela morte, pois o espírito pode unir-se ao amado mesmo no corpo, um ensinamento bem conhecido para os verdadeiros irmãos da Rosa-Cruz. Os verdadeiros irmãos da Rosa-Cruz conhecem o lugar para onde Jesus ia; eles podem seguir o caminho que Jesus trilhou. Eles buscam o casamento místico, a união entre a alma deles e o bem-amado. "Vocês não me podem seguir", Jesus disse. Nenhum conhecedor do mundo pode seguir esse caminho; só os verdadeiros humildes, os que viram a Deus; os puros de coração, os simples de propósito, os que são como as crianças, os simples. Como o amado Irmão Francisco de Assis, só eles podem chegar a esse lugar. O conhecedor do mundo sempre procura matar o espiritual do homem. Esta é a causa do conflito no mundo de hoje. O conhecedor do mundo procura matar o espírito.

Vamos voltar agora ao evangelho e ver como essas coisas nos são ditas.

(7:1-7) *Depois disto, andava Jesus pela Galiléia, porque não queria andar pela Judéia, visto que os judeus o queriam matar. Estava próxima a festa dos judeus, chamada dos Tabernáculos. Disseram-lhe, pois, seus irmãos: Parte daqui e vai para a Judéia, a fim de que também os teus discípulos vejam as obras que fazes. Porque ninguém age às ocultas quando quer ser conhecido publicamente. Já que fazes tais coisas, manifesta-te ao mundo. Pois nem mesmo os seus irmãos acreditavam nele. Disse-lhes, pois, Jesus: Ainda não chegou o meu tempo, mas o vosso sempre está preparado. O mundo não pode odiar-vos, mas me odeia, porque dou testemunho de que as suas obras são más.*

Você nota o conflito? Os discípulos nessa época eram do mundo, ainda não tinham recebido a iluminação; eles não compreendiam. Mas Jesus sabia.

(7:8-9) *Subi vós a essa festa. Eu não subo a essa festa, porque o meu tempo ainda não se completou. Tendo dito isto, deixou-se ficar na Galiléia.*

Interpretamos que a constante referência a *meu tempo ainda não completou* significa que o Mestre estava esperando pelo tempo aceitável do Senhor. Ele sabia que todas as coisas devem acontecer no tempo certo e que o homem não pode apressar os planos de Deus. As pessoas estão sempre impacientes, ansiosas para fazer as coisas, para realizar algo, mas o Mestre na sua sabedoria diz: "Espere!" Jesus era paciente, mas estava pronto, inteiramente nas mãos do seu Pai. Ele não se precipitou, como os homens geralmente fazem, onde os anjos temem trilhar. Ele permaneceu quieto, esperando pelo tempo de Deus. *O meu tempo ainda não se completou*. Veja a tranqüilidade da sua natureza aqui revelada.

(7:10-16) *Mas, quando seus irmãos subiram para a festa, também ele subiu, não publicamente, mas como em segredo. Então os judeus procuravam-no na festa e diziam: Onde está ele? E havia um grande rumor entre o povo acerca dele, pois alguns diziam: Ele é um homem de bem. Outros, porém, diziam: Não, ele engana o povo. Entretanto, ninguém falava dele abertamente, com medo dos judeus. Ora, estando já em meio à festa, Jesus subiu ao templo e ensinou. Admiraram-se os judeus, dizendo: Como entende ele de letras, sem nunca ter estudado? Jesus respondeu-lhes e disse: A minha doutrina não é minha, mas daquele que me enviou.*

Quando o tempo chegou, Jesus apareceu no seu corpo para ensinar as pessoas. Imediatamente, o pensamento mundano bradou: "Quem é esse homem? Ele é iletrado, inculto" – não reconheceram que Jesus não ensinava de si mesmo, mas da grande luz, da divina verdade; a sabedoria universal era ouvida através de seus lábios. Ele estava tão sintonizado com o universo que podia ser usado como um canal pelo qual toda a verdade, todo o conhecimento, toda a sabedoria fluíam. Num grau bem menor, isso é claramente perceptível em nossos dias nas pessoas altamente evoluídas que podem ser usadas como canais para uma inteligência superior. Mas aquele que chegou ao mestrado torna-se um canal para a verdade universal pura e absoluta.

(7:17-19) *Se alguém quiser fazer a vontade dele, reconhecerá se a minha doutrina vem de Deus, ou se falo de mim mesmo. Quem fala de si mesmo, busca a própria glória, mas aquele que busca a glória de quem o enviou é verdadeiro e não há nele falsidade. Porventura Moisés não vos deu a lei? No entanto, nenhum de vós observa a lei. Por que procurais matar-me?*

Como essa verdade é tão bem expressa! Quem fala de si mesmo, quem só fala de si mesmo busca a própria glória; mas aquele que é instrumento de Deus não pensa em alcançar glórias para si mesmo; sabe que não é nada e que tudo o que realiza deve-se à luz de Deus, à verdade divina. A Deus toda a honra e toda glória, agora e para sempre.

(7:20-21) *O povo respondeu e disse: Tens um demônio; quem procura matar-te? Jesus respondeu e disse-lhes: Realizei só uma obra e todos vos admirais.*

Por Jesus ter discernimento entre a verdade espiritual e a realidade, os intelectuais disseram: "Tu és um demônio." Não é essa a atitude costumeira em nossos dias? Os que mostram claramente o discernimento espiritual não são acusados de estarem do lado do demônio, do mal?

(7:22-29) *Vós, contudo, porque Moisés vos deu a circuncisão (se bem que ela não venha de Moisés, mas dos patriarcas), circuncidais um homem em dia de sábado. Se um homem é circuncidado em dia de sábado para que não se transgrida a lei de Moisés, por que vos irais contra mim porque curei um homem no dia de sábado?*

Não julgueis segundo a aparência, mas julgai segundo a justiça.

Então alguns dos de Jerusalém diziam: Não é este aquele que procuram matar? Eis que fala com toda a liberdade e não lhe dizem nada. Será que o chefe do povo sabe que este é o Cristo? Nós, porém, sabemos de onde este é; o Cristo, quando vier, ninguém saberá de onde ele é.

Então, em alta voz, Jesus ensinava no templo dizendo: Vós não só me conheceis, mas sabeis de onde eu sou. Eu não vim por minha própria vontade, mas é verdadeiro aquele que me enviou, a quem não conheceis. Eu, porém, o conheço, porque procedo dele, e ele foi quem me enviou.

Jesus tinha plena consciência de sua origem divina, da fonte de onde viera e do objetivo da sua jornada. Em contrapartida, vemos que o conhecedor do mundo é confuso, ignorante da sua origem e do seu destino. Jesus mostra claramente a diferença entre aqueles que sabem e os que não sabem. O homem verdadeiro, que tem visão e sabe para onde vai, julga a vida de acordo com as leis do espírito, de acordo com os valores espirituais.

Os valores verdadeiros precisam de muito discernimento, meu irmão. Você encontrará por todos os lados da vida, em todas as relações com seus companheiros, nas suas emoções, nos seus pensamentos, nos julgamentos que saltam tão prontamente de seus lábios, que dois padrões de valor o confrontarão: o mundano, a avaliação material, e o verdadeiramente espiritual. De um lado, a aspereza, a falta de fraternidade, a insensibilidade; do outro, um empenho fraternal para fazer aos outros o que você gostaria que eles fizessem, para se colocar no lugar de alguém que sofre injustiça e falta de compreensão. Pois então sua alma anseia por obter conhecimento e sabedoria assim como a resposta para esses problemas; e sabe como agir com justiça, sabedoria e amor em todas as situações que surjam na vida.

(7:30-39) *Procuravam, pois, os judeus prendê-lo; mas ninguém lhe lançou as mãos, porque a sua hora ainda não tinha chegado. E muitos do povo creram nele e diziam: Quando vier o Cristo, fará ele maior número de milagres do que este homem? Os fariseus ouviram que o povo murmurava dele essas coisas; e os fariseus e os chefes dos sacerdotes enviaram guardas para o prenderem.*

Disse, então, Jesus: Ainda por pouco tempo estou convosco, e depois vou para aquele que me enviou. Vós me buscareis, e não me encontrareis; nem vós podeis ir para onde eu vou. Disseram, pois, entre si os judeus: Para onde é que irá, que o não encontraremos? Irá, porventura, para os que se acham dispersos entre as nações para ensinar aos gentios? Que jeito de falar é este que ele usa: Buscar-me-eis, mas não me encontrareis; e onde eu estou, vós não podeis ir?

No último dia, o maior da festa, Jesus, de pé, clamou em alta voz: Se alguém tem sede, venha a mim, e beba. O que crê em mim, como diz a Escritura, do seu seio correrão rios de água viva. (Ora, ele dizia isto falando do Espírito que haviam de receber os que nele cressem; porque ainda não tinha sido dado o Espírito Santo, porque Jesus não fora ainda glorificado.)

Acreditamos que essa referência às "águas vivas" diz respeito à rocha na qual Moisés bateu com uma vara e da qual a água fluiu. A nosso ver, uma tradução mais correta tornaria isso mais claro. Ao bater na rocha que anteriormente parecia tão dura e inflexível, as águas vivas fluem dela; isso só batendo-se nela de um modo verdadeiro. Jesus disse: *Se alguém tem sede, venha a mim, e beba* (37). Ele referia-se a essa verdade que está no espírito de Cristo; é essa água da vida que todos devem beber algum dia. Chega um tempo no qual todo homem adoece e sufoca de sede espiritual e grita: "Por que Deus fez isso comigo?" Assim a alma grita, ansiando por um gole da água da vida, a única que pode saciar essa sede. Então a mão de Deus bate na rocha do coração do homem, provavelmente na forma de sofrimento, tristeza ou desapontamento. A alma não percebe ou não reconhece o que está acontecendo, mas uma vez que a alma bebe e sua sede é saciada, surge a compreensão e a paz; pois ela vê o poder de Deus vivo, ela bebe disso que só flui quando a alma é batida (vivificada) pela mão de Deus.

(7:40-43) *Entretanto, alguns daquela multidão, tendo ouvido estas suas palavras, disseram: Este é verdadeiramente o profeta. Outros diziam: Este é o Cristo. Alguns, porém, diziam: Porventura pode o Cristo vir da Galiléia? Não diz a Escritura que o Cristo há de vir da linhagem de Davi e da cidade de Belém, de onde era Davi? Houve, portanto, dissensão entre o povo por sua causa.*

Isso não representa o mundo de hoje, e particularmente o ponto de vista de um materialista que se apega a seus próprios padrões de valores? Se um profeta ou mestre espiritual não corresponde a esse padrão, então ele não é bom. O crítico carece de visão suficiente ou de discernimento para ver a verdade que habita num homem. Os caminhos do espírito, meu irmão, sempre são gentis... mansos, humildes; e quando eles são vistos, pode estar certo de que você está tocando a verdade. A arrogância, a autopropaganda, o soar de trombetas... tome cuidado! "Eu venho nas pequenas coisas", disse o Senhor, "em coisas mansas."

8

A Lei do Homem e a Lei de Deus

No oitavo capítulo de São João, encontraremos freqüentemente a mesma verdade afirmada e declarada. Observe como a mente de Jesus era clara, como ele compreendia a essência das coisas, e também como os pensadores intelectuais em muitas ocasiões fracassaram sombriamente em captar a intenção do Mestre. Do começo ao fim deste capítulo veremos como Jesus foi fiel à verdade enquanto alguns de seus ouvintes – e até mesmo seus discípulos – estavam fora de sintonia. Jesus fala da verdade absoluta, da vida e do amor que vem apenas de Deus. As pessoas que o ouvem têm pouca percepção da verdade ou de Deus. O espírito de Cristo na alma do homem tem de crescer em humanidade e, quando assim o faz, fica conhecendo a verdade e a expressa em pensamentos, palavras e ações. Quando ele é jovem, é como uma criança e o homem não o compreende, não compreende a verdade. Ele espera na escuridão da ignorância do homem, e a escuridão não o compreende.

Neste capítulo, você verá novamente estabelecidos os dois aspectos da vida, e os reconhecerá na sua vida diária. Jesus tem uma revelação clara e perfeita de Deus, seu Pai, e a ele se apega. Suas ações, seus pensamentos, suas palavras expressam esse puro e doce amor divino; ele não tem espaço para mais nada; ele não condena. No início deste capítulo, leremos a história da mulher adúltera; observe como seus acusadores mostravam-se ansiosos por persuadir o Senhor a condenar a mulher. "Nós a prendemos, nós a pegamos em pecado. O que tendes a dizer?", eles perguntaram, sabendo que, de acordo com a lei de Moisés, a mulher deveria ser apedrejada. Nossa interpretação é que a lei de Moisés é a lei terrena, a lei do mundo material. Mas as leis do mundo não são necessariamente as leis de Deus, isto é, elas não correspondem à verdade absoluta da vida. Pelo contrário, freqüentemente, vão contra as leis de Deus. Não nos interprete mal; não estamos sugerindo que você deva desobedecer à lei feita pelos homens. Jesus disse em outro momento: *Dai, pois, o que é de César a César, e o que é de Deus a Deus* (Marcos 12:17). No estado atual de evolução e educação espiritual do homem, são muitos os que não conseguem compreender outra lei a não ser a de Moisés. As pessoas criam suas leis para si mesmas; e são governadas de acordo com o padrão estabelecido por elas. O que estamos tentando deixar claro é que existem dois aspectos, duas leis – a de Deus e a de Moisés.

Os judeus esperavam ter armado uma cilada para o Mestre. "O que ireis fazer a esta mulher?", eles desafiaram. Jesus não olhou para eles. Não olhou para a mulher. Estava ocupado em escrever algo no chão. Observe nisso o espírito compassivo e gentil do Cristo. Ele era sempre assim. Não olhou para os acusadores da mulher, pois não queria acusá-los nem com um olhar; assim, inclinou a cabeça e escreveu. Nesse simples ato há um sentido de grande profundidade. Jesus recorreu à lei de Deus. Ele não condenou os que condenavam nem a condenada, mas empenhou-se em colocar em ação por sua própria atitude certas forças espirituais que *despertariam a consciência* tanto nos acusadores como na acusada. Não é uma atitude esplêndida da mente? Quantos na Terra podem fazer isso? Contudo, é exatamente assim que acontece no mundo espiritual e na realização da lei do karma.

Deus plantou na alma a verdade que, quando estimulada pelo que você chama de consciência, pode revelar os erros da alma para ela mesma. Ninguém precisa se apressar em condenar ou endireitar qualquer erro, agindo de acordo com a lei de Moisés. Estamos falando agora das injustiças triviais que nos acontecem. Podemos permanecer calmos a respeito dessas coisas, meu amigo. Não há necessidade de se autojustificar se você se esforça por seguir a lei de Deus. Esta bela e esplêndida verdade, esta lei, funciona com exatidão e precisão absoluta. A alma é sua própria acusadora. Uma vez que ela vê a si mesma – seu eu inferior revelado –, ela mesma se acusa e não há necessidade de julgamento externo. Mais adiante, neste capítulo, Jesus se refere ao eu ou vida que é "de baixo" (23). À medida que a alma se desenvolve, reconhece o eu inferior que está subjacente, e sabe quando ele erra. Então um grande amor brota da alma. Na vida do além, quando a consciência é despertada, o remorso vem a seguir. Quando a triste verdade e o arrependimento são sentidos, o guia ou mestre abraça gentilmente o pecador, seu pupilo, sem nunca culpar, sem nunca fazer um cavalo de batalha do que se passou, mas dirigindo a alma gentilmente para alguma região mais luminosa. Pois então a alma não precisa mais do inferno; ela já teve o suficiente. O verdadeiro remorso pode ser tão profundo e pungente que a alma não precisa de julgamentos posteriores, só do bálsamo curativo do amor.

Isso é o que Jesus se empenhava em ensinar por suas ações. Ele não condenou os acusadores. Não quis deixá-los constrangidos ou fazer com que se sentissem culpados. Contudo, tinham de aprender que ele estava revelando o espírito de seu Deus em todos os pensamentos e ações. Jesus sabia que Deus coloca o juiz do homem dentro de seu coração; o juiz do homem é o Deus no homem. *Ninguém te condenou? Ela respondeu: Ninguém, Senhor. Então disse Jesus: Nem eu te condeno; vai e não peques mais* (10-11), mesmo sabendo que a mulher havia pecado. Isto significa que embora devamos ser capazes de reconhecer o certo e o errado, não podemos pronunciar julgamento sobre o pecador, pois não temos como conhecer seu karma, nem as circunstâncias que o fizeram agir desse modo. Não nos atrevamos a julgar; e quanto mais a alma se desenvolve, mais forte é sua convicção dessa verdade.*

Se você pudesse ver a vida de Jesus como a vemos! Então veria o meigo revelado, o amoroso e verdadeiro Filho de Deus. O verdadeiro mestre, o verdadeiro filho, recusa-se a condenar pois sabe que em todo homem mora uma consciência, e assim ajudará a despertar essa consciência, ajudará a alma a se ver. *Nem eu te condeno; vai e não peques mais.* As palavras gentis de Jesus foram ao coração da mulher, e o coração dela, a voz da consciência, falaria a ela.

---

* Veja o Apêndice, pág. 192: "Julgamento."

Jesus costumava falar a seus ouvintes sobre a lei de Deus. Eles tentaram acusá-lo por ter dito que não falava de si mesmo mas do Pai. Eles o acusavam de ter um demônio, pois ele havia declarado ser de Deus. Algumas pessoas iludidas acreditam e declaram que são inspiradas por grandes personalidades a fim de impressionar, a fim de dar peso ao que têm a dizer. Um verdadeiro mestre espiritual não tem necessidade disso. Um homem realmente notável – encarnado ou desencarnado – não procura chamar a atenção para a sua personalidade, pois sabe que nada é dele mesmo e que tudo o que é bom vem de Deus. Jesus negou ter um demônio. *Eu não busco a minha glória... Se a mim mesmo glorifico, minha glória nada é; meu Pai é quem me glorifica* (50, 54). Ele disse de muitos modos: "Tudo o que eu faço é do Pai, é Deus quem faz as obras – eu não sou nada. Se eu tivesse um demônio, não teria dado tudo a Deus."

Observe como em todo este capítulo brilha o mesmo espírito gentil com verdade e amor. Jesus fala daqueles que pecam como estando "mortos", mortos para a vida espiritual, pois ela é a expressão de Deus pelo homem que lhe dá a vida. Eles não podiam estar vivos, pois a vida só pode vir para o homem semelhante a Deus. As almas vivas tentam expressar a vida eterna ou, nas palavras de Jesus, não fazem sua própria vontade, mas a vontade do Pai. Desse modo, elas possuem a vida eterna porque, na verdade, vivem para exprimir a Deus, para viver Deus. Odiar, ser cruel, julgar, ser governado pelo desejo egoísta, é morrer. O eu inferior traduz a morte; o Deus no homem é a vida eterna. Sua Bíblia lhe diz que ao soar a trombeta final os mortos levantar-se-ão de suas sepulturas. Os "Mortos" são os escravizados pelo materialismo; o som da trombeta é essa vibração poderosa que varre a alma e vivifica os mortos em espírito; eles levantam-se da sepultura do materialismo. Esse som espiritual (a trombeta), essa vibração espiritual vivifica suas almas quando elas estão prontas; então eles se levantam da sepultura e vão ao encontro do Rei, de Cristo, que diz: *E eu quando for levantado atrairei todos a mim.*

Você verá agora os pensamentos que foram humildemente apresentados para a sua consideração, colocados aqui de um modo muito mais claro e belo.

(8:1-19) *Jesus foi para o monte das Oliveiras. Ao romper da manhã, voltou para o templo e todo o povo vinha ter com ele e, sentando-se, ele os ensinava. Então os escribas e fariseus trouxeram-lhe uma mulher surpreendida em adultério; e, colocando-a no meio, disseram-lhe: Mestre, esta mulher foi surpreendida em flagrante delito de adultério. Ora, Moisés, na lei, mandou-nos apedrejar essas mulheres. Que dizes tu, pois? Eles assim diziam para o tentar, a fim de que o pudessem acusar.*

Porém Jesus, inclinando-se, pôs-se a escrever na terra com o dedo, como se não os ouvisse. Continuando, porém, eles a interrogá-lo, levantou-se e disse-lhes: Quem dentre vós não tem pecado seja o primeiro a atirar uma pedra. E tornando a inclinar-se escrevia na terra.

Eles, porém, ouvindo isto, sentindo-se acusados pela própria consciência, foram-se retirando, um após outro, começando pelos mais velhos até o último; e Jesus ficou só e a mulher permanecia lá no meio.

Então levantando-se Jesus e não vendo ninguém mais do que a mulher, disse-lhe: Mulher, onde estão os que te acusavam? Ninguém te condenou? Ela respondeu: Ninguém, Senhor. Então disse Jesus: Nem eu te condeno; vai e não peques mais.

Outra vez lhes falou Jesus, dizendo: Eu sou a luz do mundo; quem me segue não andará nas trevas, mas terá a luz da vida. Os fariseus disseram-lhe: Tu dás testemunho de ti mesmo; logo, o teu testemunho não é verdadeiro. Respondeu-lhes Jesus e disse: Embora eu dê testemunho de mim mesmo, meu testemunho é verdadeiro, porque sei de onde vim e para onde vou; mas vós não sabeis de onde eu venho, nem para onde vou. Vós julgais segundo a carne, eu a ninguém julgo. E se julgo alguém, o meu julgamento é verdadeiro, porque não estou só, mas comigo está o Pai que me enviou. Na vossa lei está escrito que o testemunho de duas pessoas é digno de fé. Eu sou um que dá testemunho de mim mesmo, e meu Pai que me enviou também dá testemunho de mim.

Disseram-lhe pois: Onde está o teu pai?

Jesus respondeu: Não conheceis nem a mim, nem a meu Pai; se me conhecêsseis, conheceríeis também meu Pai.

Você vê como a afirmação é clara: *Se me conhecêsseis, conheceríeis também meu Pai*, significando que, se aqueles homens estivessem conscientes da verdadeira vida, se vivessem pelo amor, eles teriam reconhecido instantaneamente a verdade no Mestre. Se um homem viu uma vez a verdadeira luz, ele imediatamente reconhece a luz no seu irmão. Este é o verdadeiro sinal do Maçom. É preciso ser um Deus para ver um Deus. *Quando tiverdes elevado o Filho do homem, então conhecereis quem eu sou* (28)... O homem que já viu a verdadeira luz a reconhece em seu irmão.

(8:20-22) *Estas palavras disse Jesus no lugar do tesouro, ensinando no templo; e ninguém o prendeu, porque sua hora ainda não havia chegado. Jesus disse-lhes ainda: Eu vou e vós me procurareis e morrereis no vosso pecado. Para onde eu vou, vós não podeis ir. Diziam, pois, os judeus: Será que ele se matará a si mesmo, pois diz: Para onde eu vou, vós não podeis ir?*

Veja: o tempo todo a mente deles estava ligada ao corpo físico, à vida exterior. Eles não perceberam que Jesus falava da vida espiritual. *Para onde eu vou, vós não podeis ir*. Eles não compreenderam que Jesus falava de sua subida aos céus, enquanto que eles, por causa do pecado, estavam deitados na sepultura, não podiam ir ao Pai.

(8:23-26) *Ele dizia-lhes: vós sois cá de baixo, eu sou do alto; vós sois deste mundo, eu não sou deste mundo. Por isso eu vos disse que morrereis em vossos pecados, porque, se não credes em quem eu sou, morrereis em vossos pecados. Diziam-lhe, então: Quem és tu? Jesus lhes disse: Isso mesmo que eu vos disse desde o princípio. Muitas coisas tenho para dizer e para julgar de vós, mas aquele que me enviou é verdadeiro e o que eu ouvi dele eu digo ao mundo.*

Vamos observar essa palavra "sobre". *Muitas coisas tenho para dizer e para julgar sobre vós* – "para julgar sobre vós", e não "para julgá-*los*". Interpretamos o significado disso como sendo Jesus capaz de julgar entre a vida e a morte, de julgar o grau de vida espiritual ou de morte material deles. Em outras palavras, eles eram professores dele, pois aumentavam sua compreensão. Você pode considerar uma determinada ação; não precisa julgar essa ação, mas pode aprender observando-a para ver mais claramente. Assim aprende a discriminar.

(8:27-59) *Eles não compreenderam que ele falava-lhes do Pai. Disse-lhes, pois, Jesus: Quando tiverdes elevado o Filho do homem, então conhecereis quem eu sou, e que nada faço por mim mesmo, mas falo como o Pai me ensinou. E quem me enviou está comigo; o Pai não me deixou só, porque eu faço sempre aquilo que é do seu agrado. Dizendo ele estas coisas, muitos creram nele. Dizia, pois, Jesus aos judeus que haviam acreditado nele: Se permanecerdes na minha palavra, sereis verdadeiramente meus discípulos, conhecereis a verdade e a verdade vos libertará.*

Responderam-lhe eles: Somos a descendência de Abraão e nunca fomos escravos de ninguém. Como dizes tu: Sereis livres?

Jesus respondeu-lhes: Na verdade, na verdade vos digo que todo o que comete o pecado é escravo do pecado. Ora, o escravo não fica sempre na casa, mas o filho aí permanece para sempre. Por isso, se o Filho vos libertar, sereis verdadeiramente livres. Bem sei que sois a descendência de Abraão; mas procurais me matar, porque a minha palavra não penetra em vós. Eu falo o que vi em meu Pai; e vós fazeis o que ouvis do vosso pai.

Eles disseram-lhe em resposta: Nosso pai é Abraão. Disse-lhes Jesus: Se sois filhos de Abraão, fazei as obras de Abraão. Vós porém procurais matar-me, a mim, que sou um homem que vos disse a verdade que ouvi de Deus. Abraão nunca fez isto. Vós fazeis as obras de vosso pai. Eles disseram-lhe: Nós não somos filhos da fornicação, temos um pai, que é Deus.

Disse-lhes Jesus: Se Deus fosse o vosso pai, certamente me amaríeis, porque eu saí e vim de Deus; porque não vim de mim mesmo, mas ele me enviou. Por que não entendeis a minha linguagem? É porque não podeis escutar a minha palavra. Vós tendes por pai o demônio e quereis satisfazer os desejos de vosso pai. Ele foi homicida desde o princípio, e não permaneceu na verdade, porque a verdade não está nele. Quando ele diz a mentira, fala do que lhe é próprio, porque é mentiroso e pai da mentira. Mas ainda que eu vos diga a verdade, vós não me credes. Qual de vós me argüirá de pecado? Se eu vos digo a verdade, por que não credes em mim? Quem é de Deus ouve as palavras de Deus; por isso vós não ouvis, porque não sois de Deus.

Responderam os judeus e disseram-lhe: Não dizemos nós com razão que tu és um samaritano e que tens um demônio?

Jesus respondeu: Eu não tenho um demônio, mas honro meu Pai, e vós me desonrais. Eu não busco a minha glória; há quem a procure e julgue. Em verdade, em verdade vos digo: quem guardar a minha palavra jamais verá a morte.

Disseram-lhe, pois, os judeus: Agora sabemos que tens um demônio. Abraão morreu e os profetas, e tu dizes: Quem guardar a minha palavra jamais provará a morte. És, porventura, maior do que nosso pai Abraão, que morreu? E os profetas também morreram. Quem pretendes ser?

Jesus respondeu: Se eu me glorifico a mim mesmo, minha glória nada é; meu Pai é quem me glorifica, aquele de quem dizeis ser o vosso Deus. Mas vós não o conheceis, eu sim o conheço; e, se dissesse que não o conheço, eu seria um mentiroso como vós. Mas eu o conheço e guardo a sua palavra. Abraão, vosso pai, regozijou-se por ver o meu dia. Ele o viu e encheu-se de alegria.

Disseram-lhe, por isso, os judeus: Ainda não tens cinqüenta anos e viste Abraão?

Disse-lhes Jesus: Em verdade, em verdade vos digo: antes que Abraão existisse, eu sou.

Então eles apanharam pedras para atirar nele; Jesus, porém, ocultou-se e saiu do templo, passando pelo meio deles, e assim se retirou.

Vemos do começo ao fim da leitura duas linhas distintas de pensamento: Jesus falando sempre do aspecto espiritual, da verdade eterna de Deus nele, e, de outro lado, os judeus considerando do ponto de vista terreno. Quando Jesus falou de seu pai eles pensaram que estivesse se referindo a Abraão; na verdade, ele falava de coisas espirituais, e o 'pai' aqui é o pai das trevas, ou do eu inferior, de todos os aspectos inferiores da humanidade, o que as pessoas ortodoxas denominam "Satanás". (A palavra Satanás não significa para nós o mesmo que para os ortodoxos. Satanás ou Saturno representa o espírito de Lúcifer, pai dos espíritos de sabedoria que têm como principal ocupação a evolução da humanidade.) Jesus referia-se ao senhor do aspecto negativo ou destrutivo da vida. Então vem essa sentença maravilhosa. *Antes que Abraão existisse, eu sou,* significando que antes de Abraão viver entre os homens, esse que estava falando no Mestre já existia. Muito antes de a Terra ser criada – antes de "Abraão" –, o Grande Espírito (nós o chamamos de Cristo) era Filho de Deus. Jesus disse: *Eu sou o caminho, a verdade e a vida* (14:6). Mas não era Jesus, o homem, que estava falando, era o Cristo, o terceiro aspecto da Trindade dizendo: "EU SOU... EU SOU a verdade em você... EU SOU o amor em você... EU SOU a vida em você pois EU vim para lhe dar a vida eterna."

Então Jesus diz: *Abraão, vosso pai, regozijou-se por ver o meu dia. Ele o viu e encheu-se de alegria* – sugerindo, segundo acreditamos, que provavelmente Abraão, o sábio judeu, voltou a reencarnar-se no mesmo período de Jesus. Ele pode ter sido Zacarias ou um dos discípulos. Em todos os acontecimentos Jesus infere que aquele que foi Abraão um dia, agora, reencarnado, estava consciente e rejubilava-se, nas palavras de Jesus, com aquele momento!

O capítulo termina como nos outros capítulos com as palavras: *Jesus se ocultou* (59)... da multidão. Eles apanhavam pedras – talvez as mesmas que queriam atirar na mulher adúltera – mas ele tornou-se invisível. Sabemos que os sábios dos Himalaias e dos Andes são capazes de aparecer e desaparecer à vontade quando isso serve a seus propósitos. Isso porque os Mestres sabem como revitalizar a vibração dos átomos do corpo fora do alcance da visão humana. Foi isso o que Jesus fez – tornou-se invisível para eles e desapareceu.

9

O Significado do Sofrimento

Nosso tema, neste capítulo, diz respeito à alma ou psique, mais do que ao espírito, discorrendo longamente sobre a reencarnação e o karma. Algumas questões que surgem, tanto para os terapeutas espirituais como para seus pacientes, provavelmente serão respondidas, pois é interessante aprender como a psique ou a alma revelada se reflete no bem-estar ou no corpo.

Poucas pessoas percebem que sua vida corporal, junto com seus problemas materiais e físicos, são a expressão externa de suas vidas interiores. Por problemas materiais queremos dizer aqueles que dizem respeito à vida material: meio ambiente, trabalho e descontentamentos financeiros que parecem tão importantes para a média dos ocidentais. Por problemas físicos queremos dizer os que dizem respeito à saúde do corpo, e os que surgem da alma. Os problemas da alma, isto é, as dificuldades que surgem por causas psicológicas, pelo desenvolvimento da alma ou por poderes psíquicos, procuram expressar-se no final através do eu exterior, e pela vida material e física. Portanto é absolutamente seguro dizer que o que o homem sofre no plano físico provém, às vezes, do despertar ou da vivificação da alma em algum grau.

Ao ler o capítulo, tenha esse pensamento em mente, pois ele é a chave para o significado interior do Mestre. É realmente lamentável que tão poucos compreendam a maravilhosa sabedoria de Jesus. Se você der toda a sua atenção às palavras dele, poderá encontrar a harmonia e a cura espiritual.

(9:1-41) *E, ao passar, Jesus viu um homem cego de nascença. Seus discípulos perguntaram-lhe: Mestre, quem pecou, ele ou seus pais, para que nascesse cego?*

Jesus respondeu: Nem ele pecou, nem seus pais pecaram; mas é para que nele se manifestem as obras de Deus. Tenho de realizar as obras daquele que me enviou, enquanto é dia; vem a noite, quando ninguém pode trabalhar. Enquanto estou no mundo, eu sou a luz do mundo.

Tendo dito isto, cuspiu no chão, fez lama com a saliva, ungiu com a lama os olhos do cego e disse-lhe: Vai lavar-te na piscina de Siloé (que quer dizer "enviado").

O cego foi, lavou-se e voltou vendo. Então os seus vizinhos e os que antes tinham visto que era cego, diziam: Não é este aquele que ficava sentado e mendigava? Uns diziam: É ele. Outros porém: Não, mas alguém que se parece com ele. Ele, porém, dizia: Sou eu mesmo. Disseram-lhe, pois: Como se abriram os teus olhos?

Ele respondeu e disse: Aquele homem chamado Jesus fez lama, ungiu-me os olhos e disse-me: Vai à piscina de Siloé e lava-te. Fui, lavei-me e recobrei a vista.

Perguntaram-lhe: Onde está ele?

Respondeu: Não sei.

Levaram aos fariseus o que tinha sido cego. Ora, era dia de sábado quando Jesus fez a lama e lhe abrira os olhos. Perguntaram-lhe, pois, de novo os fariseus de que modo tinha recobrado a visão, e ele lhes disse: Pôs-me lama sobre os olhos, lavei-me e vejo.

Diziam, então, alguns fariseus: Este homem não é de Deus porque não guarda o sábado. Porém outros diziam: Como pode um homem pecador fazer tais prodígios? E havia dissensão entre eles. Por isso, disseram novamente ao cego: Que dizes daquele que te abriu os olhos?

Ele respondeu: É um profeta.

Mas os judeus não acreditaram que ele tivesse sido cego e que agora visse enquanto não chamaram os pais do que recuperara a visão. E perguntaram-lhes, dizendo: É este o vosso filho, que dizeis ter nasci-

do cego? Como é que agora ele enxerga? Seus pais lhes responderam e disseram: Sabemos que este é o nosso filho e que nasceu cego; mas não sabemos como agora ele enxerga, ou quem lhe abriu os olhos não sabemos; ele tem idade, perguntai-lhe; ele mesmo se explicará.

Seus pais assim disseram porque tinham medo dos judeus, pois os judeus já haviam combinado que se alguém confessasse ser ele o Cristo, seria expulso da sinagoga. Por isso é que seus pais disseram: Ele tem idade, interrogai-o.

Tornaram, pois, a chamar o homem que tinha sido cego e disseram-lhe: Dá glória a Deus. Sabemos que este homem é um pecador.

Então disse-lhes ele: Se é pecador, não sei; o que eu sei é que eu era cego e agora eu enxergo.

Disseram-lhe pois outra vez: Que é que te fez ele? Como te abriu os olhos?

Respondeu-lhes: Eu já vo-lo disse, mas vós não me ouvistes: por que quereis ouvir isso novamente? Quereis, porventura, fazer-vos também seus discípulos?

Injuriaram-no então e disseram: Tu, sim, és seu discípulo; nós somos discípulos de Moisés. Sabemos que Deus falou a Moisés; mas este, não sabemos de onde é.

Respondeu-lhes o homem: Nisto pois está a maravilha que não saibais de onde ele é e, no entanto, ele abriu os meus olhos. Ora, nós sabemos que Deus não ouve os pecadores, mas quem honra a Deus e faz a sua vontade, esse é ouvido por Deus. Desde que há mundo, nunca se ouviu dizer que alguém abrisse os olhos a um cego de nascença. Se este homem não fosse de Deus, nada poderia fazer.

Responderam eles e disseram-lhe: Nasceste coberto de pecados, e queres nos ensinar? E o expulsaram.

Jesus ouviu dizer que o tinham expulsado e, encontrando-o, disse-lhe: Tu crês no Filho de Deus?

Ele respondeu, e disse: Quem é ele, Senhor, para que nele creia?

Disse-lhe Jesus: Tu o estás vendo, e é aquele que fala contigo.

Então ele disse: Creio, Senhor. E o adorou.

E Jesus lhe disse: Eu vim a este mundo para julgamento; para que os que não enxergam vejam, e os que vêem se tornem cegos.

Alguns dos fariseus, que estavam com ele, ouviram isto e disseram: Acaso também nós somos cegos?

Jesus disse-lhes: Se fôsseis cegos, não teríeis pecado; mas, agora vós dizeis: Nós vemos. Por isso, o vosso pecado permanece.

Este capítulo trata não apenas da cegueira física, mas da cegueira da alma. Ele sugere que a cegueira física pode ter sido ocasionada por uma luz espiritual que despertou a psique ou alma, cuja ativação, por sua vez, provocou a cegueira física. A cegueira física não é necessariamente espiritual também; na verdade, vemos com freqüência o contrário. Por exemplo, Paulo ficou cego por algum tempo quando a luz do céu incidiu sobre ele; embora sua alma então tivesse sido despertada e vivificada, a luz celeste foi demais para o seu corpo naquele momento. Isso é o que Jesus deduziu quando tocou o cego com o lodo (outro símbolo de vida física). Colocando o lodo sobre os olhos cegos, ele disse que nem o homem nem seus pais haviam pecado. Ele nascera cego para que a lei de Deus fosse manifestada, demonstrando aos que o rodeavam que a lei divina trabalha de modo invisível, por trás de todas as vidas, para trazer crescimento à alma. Sugerimos que aqueles que sofrem – principalmente por causa de cegueira ou de visão deficiente –, talvez tenham chegado ao último passo no caminho da limpeza da alma ou desenvolvimento. Estamos também inclinados a dizer que "fulano está sofrendo como resultado do karma". Este termo é usado de modo um pouco vago. Talvez fosse mais correto dizer: "O corpo de fulano está sofrendo, pois sua alma alcançou o fim de um determinado caminho de crescimento ou está aprendendo o que lhe foi incumbido."

O corpo marca o limite, o final de um termo de experiência da alma; portanto, sugerimos que aqueles que desfrutam de boa saúde provavelmente completaram um determinado ciclo ou período que tinham de atravessar. Você pode dizer: "Mas, e as pessoas que se mostram duras e cruéis com seus semelhantes e ainda assim têm boa saúde e são felizes? Por que há tanto sofrimento no mundo? Por que pessoas inocentes nascem para sofrer?" Nossa resposta é: é impossível um inocente sofrer. Por ser incapaz de ver o passado, ou a fase anterior ao caminho do sofrimento, o espectador ignora a lei espiritual que funciona por trás do sofrimento. O caso de uma pessoa que continua a desfrutar de saúde e serenidade do começo ao fim de sua encarnação, a despeito de suas falhas aparentes, é mais difícil. Sugerimos que a resposta seja encontrada nas palavras de Jesus relativas ao homem que nasceu cego. Uma pessoa aparentemente saudável ou feliz com toda probabilidade não está trabalhando nessa encarnação por meio do karma específico de uma doença corporal. Ela pode estar aprendendo suas lições, ganhando experiências valiosas de um outro modo. Contudo, sua vida atual pode estar criando um novo karma, e ela está destinada a colher em vidas posteriores o resultado das sementes do egoísmo, da avareza ou da negligência semeadas hoje. Esse karma pode mostrar-se em sofrimentos materiais ou emocionais e, sobretudo, físicos. Quando uma doença aparentemente incurável ocorre, isto significa que uma determinada fraqueza de alma está sendo eliminada por esse clímax de experiência física final.

Assim, por trás das palavras do Mestre neste novo capítulo, começamos a ver uma expansão da luz. Nós lhe sugerimos que o desenvolvimento psíquico (não o mero desenvolvimento de clarividência, da clariaudiência, do transe mediúnico, mas o desenvolvimento das qualidades da alma) é de suprema importância. O homem deve compreender suas potencialidades, e também o que pode ter acontecido no passado para ocasionar-lhe a falta de saúde, o sofrimento, as dores e o desenvolvimento da alma, em resultado desse sofrimento. Não gostaríamos que você pensasse em suas dificuldades, acidentes e tragédias como o castigo de um Deus cruel, mas como parte do processo natural do desenvolvimento da alma. O que lhe parece ser um desastre no plano exterior deve ser reconhecido como parte de um plano maravilhoso do crescimento da sua alma em direção à felicidade, à luz, e, se quiser usar a palavra, à salvação. Um poder esplêndido está funcionando o tempo todo, levando a alma gradualmente para a plenitude da vida espiritual.

É desse modo que o Cristo, a luz, a vida e a verdade trabalham pela alma do homem conduzindo-a à salvação. Isto é o que significa ser salvo por Cristo, um termo que muitos rejeitam, dizendo que o homem é responsável por si mesmo, e o que ele semeia, colherá, pois ele não pode ser salvo por nenhum outro homem. Não, mas ele pode se salvar vivendo pelo espírito eterno de Cristo dentro de si. Portanto, Cristo é a salvação de toda a humanidade.

Tente ser paciente quando estiver sofrendo. Tente aceitar as experiências de sua vida sem mágoas, meu irmão, pois a mágoa só prolongará o trabalho externo de seu karma. Se você aceitar tudo o que lhe acontecer como um trabalho externo de uma lei divina que é o amor total, então rapidamente passará pelos planos inferiores de consciência do sofrimento terreno, para a luz e a felicidade. Então, seu coração cantará preces ao seu Criador, pois você saberá que, mesmo no seu físico limitado e vida material, Deus está trabalhando por um belo propósito, trazendo as flores de alegria ao tempo de florescência para as almas dos homens e mulheres tornarem-se perfeitas. Você dirá: "Então devemos aceitar tudo o que é sórdido, as más condições e a crueldade que vemos? Devemos simplesmente nos sentar e dizer 'esta é a vontade de Deus!', e nada fazermos para aliviar o sofrimento?" Meu irmão, em alguns casos somos impotentes para fazer qualquer coisa; mas você pode e deve ajudar a humanidade a desenvolver algo do amor e compaixão que o Mestre expressou tão claramente. Comece sua vida diária cheio de simpatia e nunca se desvie do sofrimento. Faça tudo o que puder para aliviar o sofrimento em todos os níveis, pois esta é a sua oportunidade de servir e, acima de tudo, manifeste luz e compaixão, mas lembre-se sempre de que, bem além do que você pode ver, Deus está aplicando Seu bálsamo de cura.

Isso é particularmente aplicável ao mundo de hoje. Você vê apenas um lado do quadro revelado, mas viemos mostrar-lhe o outro lado, fortalecer sua fé e confiança nesse poder infinito, nesse amor divino, que está trabalhando para tornar o mal em bem e tirar o homem de seu sofrimento para levá-lo ao céu. Hoje em dia, as pessoas caem no mesmo erro que os judeus cometeram há dois mil anos. Os judeus só conseguiam ver as condições imediatas e acontecimentos exteriores e estavam cegos para as verdades do espírito; chegaram a condenar o Mestre por fazer curas no sábado, ficando confinados por convenções estreitas e costumes da religião e do país deles. Não demonstraram nenhum conhecimento, nenhuma percepção interior. Até mesmo o homem que recebeu a cura foi considerado um pecador pelos judeus, sendo rejeitado e injuriado; contudo, sua cegueira de nascença indicou ao Mestre que o homem viera com a finalidade de uma certa lição que sua alma deveria aprender. Ele tornou-se psiquicamente desperto, pois reconheceu a suprema luz, a vida e a verdade de Deus em Jesus. Só isso indicaria a Jesus que o cego chegara ao final de algum treinamento de eventos ou karma que ele mesmo estabelecera num passado longínquo.*

Jesus deduziu que os judeus estavam psiquicamente cegos, apesar do corpo sadio. Esse diagnóstico espiritual do Mestre deve fazer com que todos nós pensemos mais profundamente. Nós consideramos a humanidade com julgamentos triviais apressados, com críticas e condenações que chamamos de falhas ou pecados, nem sempre compreendendo a lei que funciona por trás dos defeitos humanos mentais ou corporais. Nós o recrutamos para que submergindo na luz divina, na vida, no amor, na verdade de Cristo rapidamente expulse do corpo os traços remanescentes de erros passados. Uma purificação assim pode ser realizada numa encarnação e a alma passa a ter condições de desfrutar da liberdade para sempre. Jesus demonstrou esse fato, curando o homem que estava cego.

Há quem acredite que todo sofrimento é o resultado de um pecado anterior. Mas Jesus, quando lhe perguntaram quem havia pecado, o cego que ele curou ou seus pais, disse: "Nenhum deles." É bem verdade que a lei de causa e efeito funciona do começo ao fim da vida humana, mas há exemplos em que o sofrimento não é necessariamente o resultado direto de erros do passado.

Ao retornar à Terra, a alma recebe uma oportunidade de servir a Deus e pode aceitar a aflição ou o sofrimento a fim de demonstrar uma lição para a humanidade. Muito antes de a alma descer pelas esferas para nascer no corpo carnal, uma voz interior, a voz de Deus, fala com ela, oferecendo-lhe a oportunidade de servir e de se sacrificar. O homem que o Mestre Jesus curou da cegueira tinha sido voluntário, sabendo bem antes de nascer que seria usado para demonstrar o poder de Deus por meio do Mestre Jesus. Ele quis sofrer, a fim de que os outros fossem

---

* White Eagle também salientou no seu ensinamento que às vezes o sofrimento físico é aceito pela alma como uma oportunidade para ajudar os outros a aprender, a servir. É o caso, por exemplo, dos pais de uma criança que nasce com algum tipo de deficiência; o amor que a criança freqüentemente traz, e a bênção que os pais sentem como resultado de sua abnegação, é um presente muito precioso e inestimável e um meio de a alma crescer e expiar o karma.

auxiliados pelo seu sofrimento. Em sua consciência terrena ele não estava consciente disso, não mais do que você está consciente das verdades internas em sua mente exterior, que é absorvida pelos afazeres do mundo. Você não tem tempo nem calma para ouvir a voz de Deus falando com você.

Esta explanação deve capacitá-lo a ver a humanidade com um amor maior, pois nenhum de nós pode julgar o outro. Nós não ousamos julgar. Quando você, meu amigo, meu irmão, ouvir a voz interior, ouvir o som do silêncio, terá tocado a mente de Deus e saberá que não há nenhuma separação em relação ao seu irmão, nenhuma separação em relação ao seu pai, pois seu Pai do Céu está dentro do templo do seu ser. Conhecendo o Deus interior, você deve amar a cada homem, pois Deus está dentro de cada um.

Portanto, dizemos àqueles que sofrem – lembrem-se, nem sempre é apenas uma questão de karma. No entanto, no sentido mais profundo, é um meio de servir, pois pelo sofrimento e pelo exemplo de uma vida nobre, outros têm condições de aprender e serem auxiliados. O karma sempre pode ser transmutado pelo poder redentor do amor de Deus trabalhando no homem. Nunca é demais salientar o poder redentor do amor.

Tenho de realizar as obras daquele que me enviou, enquanto é dia; vem a noite, quando ninguém pode trabalhar. Enquanto estou no mundo, eu sou a luz do mundo (4-5). Enquanto o EU SOU, a centelha divina, o Filho de Deus residir na carne, no plano mais exterior da existência, o EU SOU é a luz do mundo. Mas quando o EU SOU se retirar do mundo, então o mundo estará de fato nas trevas. Isso contém novamente uma verdade profunda, mas não temos certeza de que podemos nos aprofundar nisso como gostaríamos neste estágio. Sugerimos, contudo, que Jesus quis dizer por "à noite, quando ninguém pode trabalhar" um período no qual a alma entra, que não é a morte, mas a passividade. Alguns dizem que significa um período entre as encarnações e indica que quando a alma deixa o corpo ela fica inativa até voltar a manifestar-se. Não concordamos com essa visão, embora não formulemos uma regra rígida e inalterável, pois há vários graus de explicações e muitos níveis de entendimento.

Algumas almas, ao saírem do corpo, não se conscientizam imediatamente no além, entrando então num período de passividade e permanecendo nessa condição por algum tempo; depois elas despertam e, possivelmente, reencarnam sem ter experimentado um grande grau de consciência fora do corpo. Contudo, isso não é absolutamente comum – pelo menos com as almas mais evoluídas. Há outra interpretação – o espaço entre os grandes ciclos de vida ou eras, quando surge um período de passividade e descanso, é a "noite" na qual ninguém trabalha. Esta verdade cósmica é sugerida no livro do Gênesis. Deus criou por seis dias; por seis dias Ele manifestou energia e no sétimo, no dia do repouso cósmico, Ele descansou. Jesus indicou que há um período de tempo na vida do homem, na vida do mundo, que é como a noite, durante a qual ninguém trabalha. É um período de descanso, de passividade, de sono.

Tenho de realizar as obras daquele que me enviou, enquanto é dia (4) significa que quando a consciência do EU SOU vem ao homem enquanto ele mora no mundo, ele deve ser ativo, manifestando as obras de Deus. Ele não pode desperdiçar tempo. Deve manifestar-se continuamente, vivendo e evoluindo no caminho de Deus, pela consciência de Deus.

10

O Poder do Amor

Toda alma, em alguma época, deve investir na verdade, deve investir como um guerreiro, e lutar pelo que ela sabe que é certo e verdadeiro. Talvez você tenha descrito para si mesmo, ou visto em suas meditações, um cavaleiro com uma armadura brilhante erguendo a espada da verdade. Esse cavaleiro brilhante simboliza o seu eu superior, ou o seu guia. Esse guia da sua alma pode aparecer revestido dos mais diferentes modos. Ele ou ela pode adotar o corpo astral de qualquer uma de suas encarnações anteriores ou usar a vestimenta do espírito puro – podemos chamá-la de revestimento da luz flamejante e da beleza. Se você visualizar o seu guia desse modo, entrará em sintonia consigo mesmo no plano do espírito puro, e conseguir isso deve ser seu objetivo diário se quiser trilhar o caminho do discípulo.

É um erro comum nos estágios iniciais do caminho espiritual fazer castelos no ar, viver num estado remoto e nebuloso, algumas vezes de autoglorificação, outras de uma emotividade desequilibrada como a de um jovem aluno por seu adorado professor. Mas o discípulo, no caminho, não pode viver nesse estado nebuloso, sonhador; ele tem de lutar corpo a corpo com os problemas da vida diária e das relações humanas de um modo prático e amoroso, pois a melhor escola para o discípulo é o contato diário com pessoas comuns num mundo rotineiro.

O atrito da vida diária é o processo que aplaina as superfícies da rústica "pedra de cantaria" do aprendiz para que se torne o cubo perfeito do mestre Maçom.

Ninguém deve fugir da sua experiência de vida. Dizemos isso com grande ênfase. Contudo, freqüentemente você foge de suas lições, e muitas e muitas vezes encontra-se diante do mesmo ciclo de experiências até que alguma fraqueza ou falha seja afinal suprimida, alguma lição aprendida.

Deus, a suprema luz e glória da vida, é todo sabedoria, e sua natureza é o amor; toda a criação está sujeita à lei do amor. Portanto, devemos dar boas-vindas às circunstâncias contra as quais nossa natureza inferior e nosso eu inferior se rebelam, e sermos bravos guerreiros no campo de batalha, sabendo que a meta é o amor. O *Bhagavad Gita*, uma das grandes escrituras do mundo, conta a mesma história do conflito entre o eu superior e o inferior do homem; o primeiro conhece intuitivamente, interiormente, o caminho do amor; o outro anseia pelo ócio, pelo conforto e pela autoglorificação.

Este décimo capítulo de São João que veremos agora apresenta contudo outra das chaves da vida espiritual. Ele trata principalmente do poder do amor. Como são poucos os escravizados pelo corpo que podem vislumbrar a maravilhosa, doce e divina pureza do amor! É claro que há muitos graus de amor; mas a verdade do amor é a pedra fundamental ou alicerce na construção de seu templo e do grande templo do universo. O objetivo de todo esforço espiritual, a resposta a todos os problemas, medos e dores, a grande vitória sobre a morte é amar.

Tudo isso você encontrará narrado neste décimo capítulo do Evangelho de São João.

Aprendemos nossas lições na escola primária da Terra. Se observarmos os dramas humanos representados ao nosso redor na vida, e nos dedicarmos de fato a encontrar em nossas vidas a causa do nosso sofrimento, descobriremos que geralmente ela se encontra na falta ou sonegação do amor, no amor mal-entendido, ou no amor sem sabedoria. Há muitos graus, muitas manifestações diferentes de amor. O amor que se manifesta primeiro pela natureza animal do homem gradualmente se aprimora até, no final, tornar-se puro e altruísta na alma perfeita do iniciado e do mestre, no amor que entra na vida e na alma de cada homem e de cada mulher, sentindo com eles, compartilhando suas tristezas e alegrias, no amor que não conhece divisões e que está sempre unido ao Pai-Mãe-Deus. Esse ensinamento está contido nos princípios que damos para a orientação de nossa Loja, expresso na reunião dos filhos com o Pai-Mãe-Deus, na reunião da família santa.

Os que permanecem isolados de seus semelhantes, mantêm-se a distância do que eles chamam de aspecto inferior da vida, podem estar mais distantes da obtenção desse ideal de amor do que os homens e mulheres mais simples cujo amor parece ser principalmente físico; pois as lições de vida podem ser aprendidas na classe primária do amor humano – o amor do homem por sua esposa, do irmão pela irmã, da mãe pelo filho, do pai pelo filho, do amigo pelo amigo. Essa emoção de amor humano é o início e contém a semente e a promessa do amor divino. Sem um ímpeto para amar no lugar de ser amado não pode haver abertura para o broto surgir. A maioria dos seres humanos anseia por ser amada; alguns manifestam o amor espontaneamente porque não podem se conter, porque isso cresceu como um pensamento, um cuidado natural, e acariciar o bem-amado é como respirar ou dormir.

Essa é uma das lições que está reservada para a alma nas escolas de aprendizado além desta vida física. Quando ela se acostuma com seu novo estado de vida e começa a reconhecer a companhia do guia e mestre ao seu lado, o pensamento desperta gradualmente: "Eu amo... eu amo" – em vez de "eu quero ser amado". Esse ímpeto para amar vem de uma expansão da consciência, um reconhecimento de que o amor deve permear e irradiar cada ato, ser o pensamento e a motivação da vida humana, um amor que está sempre transbordando, derramando-se sem pensamentos ou restrições.

No presente capítulo o Mestre tem essa visão do amor, sente a sua emoção, essa grande verdade e luz, quando fala da porta que leva ao aprisco, e de sua ovelha. Há uma porta no aprisco e a ovelha seguirá o pastor através dela. Essa porta é o amor. O pastor pode ser algum mestre espiritual que lhe inspire confiança, fé e amor. O verdadeiro pastor entra pela porta do amor, e a ovelha, instintivamente, intuitivamente o reconhece e vai atrás.

O Mestre referiu-se a determinados lobos que procuram devorar a ovelha. Esses são os falsos mestres, os falsos líderes, que tentam dominar os outros por obtenção intelectual, poder oculto ou por ensinamentos espúrios que gostariam de inculcar.

Todos os mestres de todos os tempos, que vieram em diferentes estágios no caminho da evolução espiritual do homem, vieram para trazer a verdade ao homem, e essa verdade é a mesma ontem, hoje e para sempre. Cada mestre ensina na sua própria linguagem e do seu jeito a grande verdade única, como o homem pode buscar por si mesmo o caminho para o mundo espiritual, o caminho para o centro.

Pense no vasto círculo da vida, o Sol; depois olhe para o centro, o coração mais íntimo do Sol – alguns de nossos irmãos descreveriam isso como o ponto central do círculo. Esta é sua meta. E isso é o que todo mestre se empenha em demonstrar a seus discípulos: como entrar no mundo espiritual por essa porta.

Jesus falou de si mesmo como um pastor, e disse mais de uma vez: *Eu sou o bom pastor, e conheço as minhas ovelhas* (14). Mas não interprete mal isso, meu filho. Ele não quis dizer que segregava certas pessoas de uma determinada fé e as chamava de suas ovelhas. Não! Ele estava se referindo ao espírito individual em cada homem. Todo homem que corresponde ao espírito de amor está indo ao encontro da verdade, está seguindo o bom pastor pelo seu caminho e pelo portão do aprisco; em outras palavras, para a consciência cósmica onde todas as barreiras se dissolvem, e a ovelha instantaneamente responde à voz do pastor. Toda alma que segue esse caminho verdadeiro entra no aprisco, ou na consciência cósmica, porque essa alma reconhece que faz parte do todo, que não está separada de nada nem de ninguém. Isso significa que ela toma sobre si as tristezas e as alegrias de toda a humanidade. Não se esqueça disso, meu filho: quando entrar no aprisco, na vida e consciência divinas, estará entrando em todas as alegrias e conhecimentos. A vida não será mais limitada de modo algum. A vida será um todo, infinito e eterno.

O Mestre, o bom pastor, conhece suas ovelhas, porque conhece o coração, sua vibração. Seus pensamentos, suas preces, suas aspirações criam uma vibração, não apenas no espaço inferior mas direto através das esferas para o centro, para o próprio trono de Deus.

(10-1) *Em verdade, em verdade vos digo que quem não entra pela porta no curral das ovelhas, mas sobe por outra parte, é ladrão e assaltante.*

O caminho para o aprisco é o caminho do amor, da mansidão, da autodisciplina. Os ladrões e salteadores são aqueles que, recusando esse caminho, tentam entrar para o aprisco por outros meios. Há, por exemplo, os que, ansiosos pelo conhecimento, tentam forçar a entrada por meio de poderes mágicos ou mentais, por meio do poder intelectual. Ler sobre a verdade espiritual, conhecê-la com a mente, é uma coisa totalmente diferente de viver para expressar essa verdade em todos os pensamentos, palavras e ações. Jesus explicou numa outra passagem que o caminho verdadeiro é estreito, que a vida espiritual é difícil, principalmente no começo. Há dificuldades em cada passo, mas gradualmente a alma torna-se mais forte, mais estável, mais equilibrada e capaz de resistir às tormentas. Não há nenhuma vereda para o céu. Não se pode galgá-lo por alguma janela; é preciso entrar pela porta da autodisciplina. Portanto, receba bem cada malogro. Compreenda cada exasperação e aceite todos os desapontamentos como uma oportunidade oferecida a você para dar um passo à frente no seu caminho.

(10:2-3) *Mas o que entra pela porta é o pastor das ovelhas. A este, o porteiro abre; e as ovelhas ouvem a sua voz, e ele as chama pelo nome, e as conduz para fora.*

Sugerimos que o "porteiro", o guarda da porta, é a consciência interior do homem, o Cristo interior, que distingue o verdadeiro do falso e se recusa a deixar que alguma coisa não verdadeira, irreal, passe.

Todos os que despertaram para o significado do amor, instantaneamente reconhecem a voz do amor no outro, ou no seu mestre. Esse reconhecimento é semelhante ao aperto de mão dos maçons e aos sinais secretos das escolas ocultistas. Uma alma que passou pela iniciação do amor não precisa falar, pois irradia luz e verdade e todas as ovelhas do mestre respondem a ela.

(10:4-5) *Tendo feito sair todas as que são suas, vai adiante delas e as ovelhas o seguem porque conhecem a sua voz. E não seguirão o estranho, antes fugirão dele, porque não conhecem a voz dos estranhos.*

Quem são os estranhos? Os que não parecem ser legítimos. Os que não falam com a voz do amor. Esses alienígenas do amor são estranhos aos que amam.

(10:6-10) *Jesus disse-lhes esta parábola. Mas eles não compreenderam o que era que lhes dizia. Tornou, pois, Jesus a dizer-lhes: Em verdade, em verdade vos digo: eu sou a porta das ovelhas. Todos os que vieram antes de mim são ladrões e salteadores; mas as ovelhas não os ouviram. Eu sou a porta; se alguém entrar por mim, será salvo; entrará e sairá e encontrará pastagens. O ladrão não vem senão para roubar, matar e destruir. Eu vim para que eles tenham vida e a tenham em abundância.*

Cremos que Jesus está se referindo ao Anticristo cujo método não é o caminho do amor, da mansidão, da verdade.

A salvação só vem à alma pelo amor, pela iluminação do centro do coração. No centro do coração está a jóia preciosa, a luz de Cristo. As pessoas podem estudar religião por anos, podem ter um acúmulo de conhecimento intelectual, mas voltamos a dizer que há apenas um meio para a salvação e redenção da alma, e ele é pelo amor de Cristo.

(10:11-13) *Eu sou o bom pastor. O bom pastor dá sua vida por suas ovelhas. Porém, o mercenário e o que não é pastor, a quem não pertencem as ovelhas, vê o lobo aproximar-se, deixa as ovelhas e foge; e o lobo as ataca e as dispersa. O mercenário foge porque é mercenário, e não se importa com as ovelhas.*

Aquele que *não se importa com as ovelhas* é o que não pode passar pelo teste do amor*.

(10:14-15) *Eu sou o bom pastor; conheço as minhas ovelhas, e elas me conhecem, como o Pai me conhece, e eu conheço o Pai. Eu dou a minha vida pelas ovelhas.*

A alma iniciada no grande reino do amor abandona todos os desejos egoístas. O "eu" não governa mais; o "eu" é abandonado; todos os pensamentos pelo eu são deixados de lado. A afirmação *eu dou a minha vida pelas ovelhas* significa que um iniciado ama até mesmo o pior pecador. Isto você não pode entender ainda. Significa que o iniciado no amor deve amar e absorver nele mesmo as tristezas e males da Terra e,

---

Veja o Apêndice, pág. 195: "Mente."

assim, transformar o mal em bem, as trevas em luz. Em algum momento da vida sempre acontece o abandono de tudo pela alma, a renúncia da vida egoísta pelo bem do todo – outra renúncia é descrita no *Apocalipse* de São João (4:10) sobre os anciãos que lançavam suas coroas diante do trono de Deus. Nenhuma alma pode permanecer egoísta, isolada, e reter o que acredita possuir. Ela deve dar e dar por amor a toda a criação, a toda condição de vida.

(10:16) *Tenho outras ovelhas que não são deste aprisco; devo conduzi-las também, e elas ouvirão a minha voz, e haverá um só rebanho e um só pastor.*

Já falamos a respeito disso, que não se refere a diferentes raças, a diferentes nacionalidades. Significa que, quando uma iluminação verdadeira brilha através de algum mestre, ele está num aprisco. Existem outros que também são bons, bem-intencionados e cheios de fé, mas que não viram ainda a jóia luminosa do amor. Quando eles despertam para o Cristo Cósmico também são congregados. Embora haja muitos caminhos, todos devem chegar no final a uma só luz suprema.

(10:17-18) *Por isso meu Pai me ama, porque dou a minha vida para retomá-la. Ninguém a tira de mim, mas eu por mim mesmo a dou. Tenho o poder de entregá-la e o poder de retomá-la. Este é o mandamento que recebi do meu Pai.*

Nós interpretamos "dou a vida" como a entrega completa do eu para o Supremo, como já foi dito. Há outra interpretação, a de que um ancião notável pode se descartar do corpo, que ele pode ser dissolvido à vontade com um propósito, e num tempo futuro ser retomado ou ressuscitado.

(10:19-24) *Tornou pois a haver divisão entre os judeus, por causa destas palavras. E muitos deles diziam: Ele tem um demônio; está louco! Por que o escutais? Outros diziam: Estas palavras não são de um endemoninhado. Porventura pode o demônio abrir os olhos aos cegos? Ora, em Jerusalém celebrava-se a festa da Dedicação e era inverno. Jesus andava passeando no templo, no pórtico de Salomão. Rodearam-no, então, os judeus e lhe disseram: Até quando nos manterás em dúvida? Se tu és o Cristo, dize-nos abertamente.*

O Sábio não tem necessidade de se declarar. A luz e o poder que dele emanam devem ser testemunho suficiente. A ovelha reconhecerá seu pastor, não pelo que ele diz, nem pelo que ele sabe, mas pela sua emanação de sinceridade, afeição e pureza.

Você notará que se disse que Jesus estava "passeando no pórtico de Salomão" quando ele proferiu essas palavras – no pórtico do Sol, da grande luz. Em outras palavras, a verdade que ele pronunciou veio do Sol universal, da luz suprema. Dá para perceber o maravilhoso significado esotérico dessa afirmação?

(10:25-42) *Jesus lhes respondeu: Já vo-lo disse, mas não acreditais; as obras que faço em nome de meu Pai, essas dão testemunho de mim. Mas vós não credes, porque não sois das minhas ovelhas, como já vo-lo tenho dito. As minhas ovelhas ouvem a minha voz, e eu as conheço e elas me seguem. E eu lhes dou a vida eterna, e elas jamais hão de perecer e ninguém as arrebatará da minha mão.*

Meu Pai, que mas deu, é maior que todas as coisas; e ninguém pode arrebatá-las da mão de meu Pai. Eu e o Pai somos um. Então os judeus pegaram outra vez em pedras para o apedrejar. Jesus disse-lhes: Tenho vos mostrado muitas obras boas vindas do meu Pai; por qual delas me apedrejais?

Responderam-lhe os judeus dizendo: Não é por causa de nenhuma obra boa que te apedrejamos, mas pela blasfêmia, e porque sendo tu um homem, tu te fazes de Deus.

Jesus respondeu-lhes: Não está escrito na vossa lei: Eu disse: Sois deuses? Se a lei chamou deuses àqueles a quem a palavra de Deus foi dirigida – e a Escritura não pode ser anulada –, àquele a quem o Pai consagrou e enviou ao mundo, vós dizeis: Blasfemas, por que disse: Sou Filho de Deus? Se eu não faço as obras de meu Pai, não acrediteis em mim; mas se as faço, mesmo que não acrediteis em mim, crede nas obras, para que saibais e acrediteis que o Pai está em mim e eu nele.

Então os judeus procuravam novamente prendê-lo, mas ele escapou-lhes das mãos. E retirou-se outra vez para além do Jordão, para o lugar onde João tinha anteriormente batizado, e ali permaneceu. Muitos iam ter com ele, e diziam: Por certo João não fez nenhum milagre, mas todas as coisas que João disse deste eram verdadeiras. E muitos ali creram nele.

Uma vez que a ovelha reconhece o pastor, visto que a alma viu a verdadeira luz, não pode mais ficar separada do mestre, do amor. Gostaríamos de compartilhar a verdade profunda de que o iniciado, o que renasceu pelo amor verdadeiro, sempre pode ser reconhecido pelos seus semelhantes. Ao seguir o seu caminho, tente refletir a luz verdadeira desse Sol, desse amor, dessa beleza, em sua vida e em seu coração. Procure corresponder sempre ao ímpeto em direção à bondade e abnegação. Este é o verdadeiro caminho. "Eu amo...eu sou amor. Vim para ajudar meus companheiros, não para apedrejá-los." As formas silenciosas dos irmãos invisíveis irradiam luz com uma ternura infinita! Eles falam fundo em seu coração e lhe dizem que quando você é verdadeiro e fiel nas pequenas coisas, nos simples testes diários, então você sobe passo a passo em direção ao mundo celestial. Como gostaríamos de poder descrever as mansões de luz e sabedoria que o esperam, meu irmão, onde você pode entrar e receber a bênção suprema da felicidade eterna!

Vamos nos levantar juntos diante do trono e orar para que não falhemos no nosso trabalho de ajudar nossos irmãos a verem, a conhecerem e a se unirem à imensa companhia dos bem-aventurados no céu. Que o querido Deus nos ajude nisso. Amém.

11

A Ressurreição do Homem

No capítulo que estudaremos agora encontraremos nas palavras do mestre um significado espiritual maravilhoso a ser interpretado, não apenas pela mente, mas pelo espírito do Cristo interior, que só revela a verdade, a vida e o amor.

(11:1-26) *Estava então enfermo um certo homem, chamado Lázaro, de Betânia, aldeia de Maria e de sua irmã Marta (Maria era aquela que ungiu o Senhor com bálsamo e enxugou-lhe os pés com os cabelos, cujo irmão Lázaro estava enfermo). Mandaram-lhe pois suas irmãs dizer a Jesus: Senhor, eis que está enfermo aquele que tu amas. Ouvindo isto, Jesus disse: Esta doença não é mortal, mas para a glória de Deus, a fim de que o Filho de Deus seja glorificado por ela. Ora, Jesus amava Marta, e sua irmã e Lázaro. Tendo, pois, ouvido que Lázaro estava doente, ficou ainda dois dias no lugar onde estava. Depois disto, disse a seus discípulos: Voltemos para a Judéia. Disseram-lhe os discípulos: Mestre, ainda agora os judeus queriam te apedrejar e tu voltas para lá?*

Jesus respondeu: Não são doze as horas do dia? Aquele que caminhar de dia não tropeça, porque vê a luz deste mundo; porém, o que andar de noite tropeça porque a luz não está nele. Assim falou e, depois disto, disse-lhes: Nosso amigo Lázaro dorme; mas vou despertá-lo do sono.

Disseram-lhe pois seus discípulos: Senhor, se ele dorme, salvar-se-á. Jesus, porém, falara de sua morte e eles julgavam que falava do repouso do sono.

Então Jesus lhes falou claramente: Lázaro morreu. Por amor de vós, folgo não ter estado lá, para que acrediteis; mas vamos ter com ele.

Tomé, chamado Dídimo, disse então aos outros discípulos: Vamos também nós para morrer com ele!

Chegando, pois, Jesus encontrou Lázaro já sepultado havia quatro dias. Betânia distava de Jerusalém cerca de quinze estádios. Muitos judeus tinham vindo até Marta e Maria, para as consolar da perda do irmão. Marta, pois, logo que ouviu que Jesus chegara, saiu-lhe ao encontro: Maria contida, ficou sentada em casa. Disse então Marta a Jesus: Senhor, se estivesses aqui, meu irmão não teria morrido. Mas também sei agora que tudo o que pedires a Deus, Deus te concederá. Disse-lhe Jesus: Teu irmão ressuscitará.

Disse-lhe Marta: Eu sei que há de ressuscitar na ressurreição, no último dia.

Disse-lhe Jesus: Eu sou a ressurreição e a vida; quem crê em mim, ainda que esteja morto, viverá; e todo aquele que vive e crê em mim, jamais morrerá. Crês nisso?

Eu sou a ressurreição e a vida – significando que o 'EU SOU' ou o espírito de Cristo no coração do homem, é a centelha divina de luz, é a ressurreição e a vida. O espírito de Cristo, o poder recriativo e a vida – residem em cada um dos filhos de Deus. EU SOU o amor dentro de você. EU SOU a vida em seu interior. EU trago a vida eterna a você.

(10:27-29) *Ela lhe disse: Sim, Senhor, creio que tu és o Cristo, o Filho de Deus, que havia de vir ao mundo. Dito isto, retirou-se e chamou em segredo Maria a sua irmã, dizendo: O Mestre está aqui e chama-te. Logo que ouviu isto, ela levantou-se e foi ter com ele.*

Neste, como em outros capítulos, percebemos duas linhas distintas de pensamento, dois níveis de entendimento – o espiritual e o terreno. De um lado, há o Mestre, Jesus Cristo, que compreendia o significado interior da vida, que compreendia a lei do espírito; ele revela-se a nós expressando a lei do espírito sem hesitação. Do outro, vemos como os judeus e as pessoas comuns – até mesmo os discípulos cujos olhos ainda não estavam abertos – falavam pela mente, pelo eu material, como é próprio dos homens do mundo. Jesus permanecia sempre na vida espiritual e na lei espiritual, e interpretava tudo o que acontecia à luz da verdade real, à luz do Cristo interior. Isso é algo que todos nós temos de aprender a fazer, pois uma vez que os homens ou mulheres viram a vida espiritual e a lei revelada, devem aplicar a lei espiritual em cada detalhe da vida. Não pode haver exceção pois, como outro sábio nos disse, "entre o certo e o errado, não pode haver nenhum compromisso". É por isso que muitos sofrem quando partem para o caminho espiritual. Eles não são suficientemente fortes para se firmarem em suas convicções espirituais; continuam a ver o aspecto material dos seus problemas e se deixam influenciar por considerações materiais em vez de permanecerem firmes no caminho espiritual. Não pode haver nenhuma concessão. Uma vez que você já deu o primeiro passo no caminho espiritual não deve ser dragado pelo vórtice do materialismo ou se tornará de novo espiritualmente cego. Se você se esforçar para ver todos os seus problemas do ponto de vista espiritual, para ver a verdade na vida e na alma do homem, então sem dúvida verá a glória de Deus.

A morte de Lázaro pode e deve ser interpretada nesse sentido espiritual. Algumas escolas de pensamento preferem considerar essa história apenas como o registro de um milagre físico, e não estamos sugerindo que não o tenha sido; mas o objetivo principal da história é demonstrar o despertar da vida espiritual em Lázaro. Estude o capítulo e verá o que queremos dizer, pois encontrará pouca ênfase sobre a morte corporal, que o Mestre parece não achar importante. Contudo, ele se preocupou com a elevação de Lázaro da morte espiritual.

Quando Jesus propôs a visita à casa de Lázaro, seus discípulos protestaram: *Mestre, ainda agora os judeus queriam te apedrejar e vais outra vez para lá? Jesus respondeu: Não são doze as horas do dia?* (8-9), em outras palavras, há tempo para tudo. Meu tempo para abandonar o corpo físico está planejado. Isso não importa; enquanto minha vida estiver sendo usada a Seu serviço, Deus me protegerá. Isso sugere que o homem não deve ser bastante tolo para tentar a Providência, deixando-se aberto ao perigo desnecessariamente; mas quando receber o chamado para o serviço de Deus, pode ir aonde quiser em perfeita serenidade, certo de que, embora possa haver perigo, seu tempo não chegará antes que o serviço esteja completo.

Tornemos isso claro; não rompa a lei espiritual sendo descuidado e negligente, mas, por outro lado, se estiver a serviço do seu Pai e trabalhar em harmonia com a lei espiritual, estará protegido de qualquer perigo. *Não são doze as horas do dia?* Os que calmamente obedecem à lei não têm o que temer, pois tudo vem segundo um plano e há um tempo e um lugar para tudo; e quando tudo é dito e feito e o tempo do homem chega, o comportamento mais correto para enfrentar a morte é a aceitação tranqüila do plano perfeito e exato de Deus.

Aprenda a viver de acordo com a lei espiritual, com a lei de Deus, de harmonia e bem-estar. Não viole as leis de Deus que operam dentro do seu corpo, pois seu corpo é um templo de Deus, e não é seu para colocá-lo em perigo, para extenuá-lo, para tratá-lo com violência e negar-lhe alimento natural e saudável. Fazendo isso, você estará infringindo a lei. Seu corpo deve ser banhado e mantido limpo, alimentado sabiamente, tratado com respeito; não deve ser sobrecarregado nem abusado, de modo que quando seu tempo chegar a alma elevar-se-á e irá embora... "Eu vim, Senhor; ouvi Teu chamado!"

Obedecendo às leis espirituais, você pode viver seus dias com perfeita tranqüilidade. Obedeça ao chamado verdadeiro do espírito mesmo que haja perigo, pois estando a serviço do seu Pai, tudo está bem. Seja o que for que aconteça, tudo está bem.

Se alguém caminha durante o dia – isto é, na luz – *não tropeça* (9). Se você estiver trabalhando de acordo com as leis do espírito, será dia para você. Isso já foi explicado. Se a escuridão e a confusão reinarem na alma, o homem tropeçará.

O versículo 41 fala a respeito da retirada da pedra da sepultura. Interpretamos essa pedra como a mente terrena que encerra o homem na sua sepultura. O cientista, o beato, o homem materialista em qualquer departamento da vida, está como numa caixa fechada, numa sepultura selada pela pedra da mente mortal, da materialidade. Em outras palavras, quando o homem está morto para as coisas do espírito, coloca a si mesmo numa sepultura, e então os outros que possuem mente semelhante empurram a pedra sobre ele e o prendem. O mundo não está sempre pronto para empurrar a pedra do materialismo sobre o homem e prendê-lo na sua sepultura? E como é difícil para o homem libertar-se!

Aqueles que estão mortos durante a vida só podem ser restaurados à vida pela Palavra, pelo chamado da trombeta, pela resposta de seu íntimo ao Cristo, ao Filho, ao verdadeiro irmão espiritual dos mortos espiritualmente. Cristo, o Filho, chamou Lázaro por meio do Mestre, e ele se levantou da sepultura. Portanto, o morto espiritualmente pode ser chamado novamente à vida, mas Deus precisa de um canal puro e perfeito pelo qual possa chamar o morto para a vida.

Em todo o Evangelho de São João, Cristo fala por intermédio dos lábios e da vida do Mestre. Essa elevação de Lázaro está sempre acontecendo no mundo ao nosso redor. Nós mesmos, como Lázaro, provavelmente permaneceremos deitados em nossa sepultura até que o semelhante a Deus dentro de nós responda, e nós, afinal, nos levantemos em resposta ao chamado.

(11:30-44) *Jesus ainda não tinha entrado na aldeia, mas estava no lugar em que Marta o fora encontrar. Quando os judeus, que estavam com ela em casa e a consolavam, vendo que Maria se tinha levantado apressadamente e saíra, seguiram-na, dizendo: Ela vai ao sepulcro para ali chorar. Maria, porém, tendo chegado onde Jesus estava, e vendo-o, lançou-se aos seus pés, dizendo-lhe: Senhor, se estivesses aqui, meu irmão não teria morrido.*

Jesus, porém, quando a viu chorar, e também os judeus que a acompanhavam, comoveu-se interiormente e ficou perturbado. E disse: Onde o colocastes? Eles responderam: Senhor, vem, e vê. Jesus chorou. Disseram por isso os judeus: Vede como ele o amava! Alguns deles disseram: Este, que abriu os olhos do cego, não poderia ter feito com que ele não morresse?

Jesus, pois, novamente comovido interiormente, foi até o sepulcro. Era uma gruta, com uma pedra sobreposta. Jesus disse: Retirai a pedra.

Marta, irmã do morto, disse-lhe: Senhor, ele já cheira mal, pois já está morto há quatro dias.

Disse-lhes Jesus: Não te hei dito que, se creres, verás a glória de Deus? Retiraram, portanto, a pedra da gruta onde o morto jazia.

E Jesus, levantando os olhos para o alto, disse: Pai, dou-te graças, porque me ouviste. Eu sabia que me ouves sempre, mas digo isto por causa do povo que me rodeia, para que creiam que me enviaste. E, tendo dito estas palavras, bradou em alta voz: Lázaro, vem para fora. O morto saiu com os pés e mãos enfaixados e o rosto envolto num sudário. Jesus disse-lhes: Desatai-o e deixai-o ir-se.

Observe que Jesus disse às carpideiras: *Desatai-o e deixai-o ir-se*, indicando que os companheiros terrenos podem ajudar a manter presa uma alma. Os outros realmente têm o poder de atá-lo a uma vida de materialismo. A influência e pensamento deles podem dominá-lo até você ouvir finalmente a voz. Então nada pode amarrá-lo, nada pode segurá-lo.

Marta explica que o corpo de Lázaro talvez estivesse em decomposição. Aqui o Mestre, deixando tudo o mais de lado, novamente fala da glória de Deus, recusando-se a reconhecer a morte. Ele só vê a luz de Deus iluminando a alma de Lázaro.

Anteriormente a esta, há uma passagem que se refere ao choro de Maria e Marta. Jesus também chorou, e aqueles que viram disseram: *Vede como ele o amava!* (36), pensando que Jesus chorava pela perda do amigo; mas não era essa a razão da tristeza de Jesus. Ele chorou porque estava compartilhando completamente dos sentimentos de seus amigos – um exemplo de verdadeira fraternidade. Você deve ter notado que, a princípio, Maria não foi ao encontro do Mestre, permanecendo quieta em meditação. Maria já havia sentido, de fato, quem era o Cristo que trabalhava por meio de Jesus. Marta, contudo, preocupada com a família e tão ocupada com a notícia da morte, correu para se queixar ao Mestre. Maria manteve-se quieta, pois compreendia melhor a relação entre o Mestre, ela e os outros. Devemos dizer que Maria havia sido iniciada na fraternidade verdadeira, pelo que às vezes é chamada de festa ou cerimônia do amor, quando o espírito e a alma do iniciado se dissolvem com a de todos os outros irmãos, o que só acontece quando a alma é elevada para a consciência e compreensão do amor verdadeiro. Tornar-se realmente iniciado na fraternidade da luz de Cristo significa que o irmão está tão mergulhado nas tristezas e alegrias dos outros, que sente como eles; ele não apenas observa o sofrimento com simpatia, mas identifica-se com o sofredor. Esse é um estado ao qual todos temos de chegar. E quando toda a humanidade puder tornar-se um só espírito, verificar-se-á uma incrível mudança. Não haverá mais falta de consideração ou crueldade descuidada, pois o homem saberá que, se infligir sofrimento a seu irmão, ele também sofrerá.

A fraternidade verdadeira significa que o coração está em sintonia com o coração do irmão, os olhos úmidos com as lágrimas que o irmão deixa cair. É por isso que Jesus chorou. Chorou porque Maria estava chorando. Ele sentiu a tristeza que ela estava sentindo pela perda do irmão. Até mesmo sofreu em espírito quando foi chamar Lázaro, pois ele também estava preso dentro da sepultura onde Lázaro se encontrava. Todo o seu ser entrou em Lázaro e levantou-o da morte para a vida.

É preciso que algum poder de imaginação desperte antes que o verdadeiro irmão compreenda o sofrimento do outro. O desenvolvimento da imaginação é uma parte necessária do despertar do homem, mas não se consegue obtê-la pelo treino mental, e sim pelo desenvolvimento da atenção, do sentimento, pela meditação e pela experiência. É a imaginação que capacita o médium a entrar nos sentimentos do outro, a tornar-se naquele momento o espírito do qual vem a mensagem. O materialista e o intelectual carecem dessa percepção espiritual.

(11:45-57) *Então, muitos dos judeus que tinham ido visitar Maria, vendo as coisas que Jesus fizera, acreditaram nele. Alguns deles, porém, foram ter com os fariseus e contaram-lhes o que Jesus fizera. Então, os sacerdotes e os fariseus reuniram um conselho, e disseram: Que faremos, porquanto este homem faz muitos milagres. Se o deixarmos proceder assim, todos crerão nele e os romanos virão e destruirão a nossa cidade e a nossa nação. E um deles, chamado Caifás, que era sumo sacerdote naquele ano, disse-lhes: Vós nada sabeis, nem considerais que vos convém que um homem morra pelo povo e que não pereça toda a nação. Ora, ele não disse isto por si mesmo, mas sendo sumo sacerdote naquele ano, profetizou que Jesus deveria morrer pela nação, e não só pela nação, mas também para congregar na unidade todos os filhos de Deus que estavam dispersos.*

Então, a partir desse dia, resolveram matá-lo. Jesus, por isso, não andava em público entre os judeus, mas retirou-se dali para a região próxima do deserto, para uma cidade chamada Efraim, e aí permaneceu com seus discípulos. Ora, a Páscoa dos judeus estava próxima e muitos subiram dos campos a Jerusalém antes da Páscoa, para se purificarem. Eles procuravam Jesus e diziam entre si: Que pensais? Virá ele à festa?

Os chefes dos sacerdotes e os fariseus, porém, tinham dado ordem para que, se alguém soubesse onde Jesus estava, o denunciasse, para o prenderem.

Mesmo nos nossos dias, a pessoa é perseguida, alegando-se que é para o bem da comunidade. Contudo, Jesus disse que toda alma era preciosa aos olhos do Pai: *Porventura não se vendem dois pardais por um asse? E, todavia, nem um deles cairá sobre a Terra sem o consentimento de nosso Pai. Até os cabelos de vossa cabeça estão todos contados* (Mateus 10-29/30). O mundo diz que o indivíduo deve ser sacrificado se for conveniente, mas a lei do espírito reza que toda alma é preciosa. O que lemos nestes últimos versículos é que o mundo estava errado ao matar Jesus, mas que ele esperaria até as doze horas do dia quando então seu tempo chegaria. Então ele estaria pronto para se entregar como conta o evangelho.

Portanto, duas linhas paralelas de pensamento dominam este capítulo. A interpretação comum é material, e diz respeito à elevação do corpo físico de Lázaro. Mas Jesus sempre trabalhava com a lei espiritual; seu objetivo supremo era trazer a luz, a vida e a verdade para a alma de seus irmãos. Com essa finalidade, ele viveu, morreu e ressuscitou.

O propósito da vida de todo homem é a ressurreição do túmulo da mente inferior, da matéria física, o rompimento das ataduras do túmulo da terra e a elevação em compreensão e domínio, de modo que toda a matéria, todo o espaço celeste, todas as irradiações de pensamento possam ser penetrados pelo espírito de amor de Cristo, a fim de que todas as formas de vida possam estar vivas com o espírito do Criador, de Cristo.

Esse é o significado da ressurreição e regeneração do homem e da forma pela verdadeira vida espiritual.

As obras que eu faço ele também fará. Todo homem, no devido tempo, adquirirá a plena consciência da vida eterna e do poder e beleza do espírito de Cristo, em si mesmo, e no seu irmão.

12

A Purificação do Corpo

Uma verdade central é expressa do começo ao fim do Evangelho de São João, uma verdade que abrange o ser inteiro do homem, que é a espiritualização da vida total e seu direcionamento para o equilíbrio perfeito. Sabemos que alguns mestres advogam a repressão dos desejos naturais e a mortificação da carne como o único meio para a vida eterna; mas não concordamos com isso. Pelo contrário, vemos a vida na Terra como algo muito belo, algo a ser totalmente desfrutado e vivenciado.

Por exemplo, quando você come com prazer e não de um modo insensato. Veja a generosidade de Deus na sua alimentação, e agradeça ao seu Criador por isso, sabendo que Deus o tem alimentado não apenas com o propósito de manter o seu corpo, mas também para nutrir a sua psique ou corpo etérico. Veja o melhor, veja Deus nos amigos e na família, recebendo-os no seu coração, aceitando-os como presentes de Deus. Desfrute de cada faculdade do seu corpo, da alma e do espírito, e agradeça a Deus por todos os minutos da sua vida. Agradeça-Lhe por toda a natureza, pelos animais, pela arte e por todas essas belezas da vida.

Acreditamos que a vida humana deve desabrochar em forma, saúde e irradiação perfeitas. Assim como a vida de uma bela rosa, que encontra alimento suficiente para suas raízes, caule e folhas na dádiva natural da Terra, conquista seu lugar ao sol e glorifica a Deus. O corpo, sendo o templo de Deus, deve ser cuidado e vestido com as roupas mais imaculadas possíveis. Deve ter períodos de recreação harmoniosa, disponibilidade para o desenvolvimento físico e mental, e interesse, oportunidade para a cultura espiritual. Todos os veículos contidos no ser do homem – isto é, o físico, o etérico, o astral, o mental e o celestial – devem ser desenvolvidos à perfeição e expressar a verdadeira vida de Deus. Entretanto, infelizmente, são negadas as condições necessárias ao corpo, ao mesmo tempo que até mesmo o mental sofre com certa freqüência uma superestimulação e alimentação inadequada, e o corpo astral se descontrola. Essa falta de vontade libera desejos e paixões que no final se refletem como doenças no corpo físico e mental e, desse modo, todo o ser entra em desarmonia.

Jesus fala a respeito disso neste capítulo, dizendo que o homem precisa perder sua vida mortal para ganhar a verdadeira vida. Queremos enfatizar o versículo 47: *Não vim para julgar o mundo, mas para salvá-lo.* O que o Mestre quis dizer? Teremos de nos afastar por um momento do tema principal para repetir que, quando o corpo físico morre, o que é conhecido como corpo etérico, às vezes chamado de duplo etérico, é afastado do físico. Já explicamos que esse corpo etérico consiste em duas partes. A parte que sustenta a semente da vida eterna é construída no templo da alma, e a que faz parte da terra, no final se desintegra e morre.

Pela aspiração da alma, a vida eterna é dada ao corpo etérico mais sutil. Esse corpo etérico, ou psique, é criado pela vida do homem como um todo, pelas suas ações, aspirações e desejos, por tudo o que ele expressa na vida diária. Por isso é tão importante viver no mundo material e no corpo físico com o objetivo de manifestar Deus em todos os detalhes da vida.

Portanto, quando Jesus disse: *Não vim para julgar o mundo, mas para salvá-lo* (47), ele quis dizer exatamente isso: que, pelo espírito de Cristo, a vida do homem torna-se harmoniosa e perfeita. É desse modo que Cristo está salvando o homem, elevando-o ao céu. Ele não disse: *E eu, quando for levantado da terra, atrairei todos a mim* (32)?

Agora, vamos ler as palavras do evangelho:

(12:1-8) *Ora, seis dias antes da Páscoa, Jesus foi a Betânia, onde se encontrava Lázaro, o que falecera e que Jesus ressuscitara dos mortos. Ofereceram-lhe aí uma ceia; Marta servia e Lázaro era um dos que estavam à mesa com ele. Então Maria, tendo tomado uma libra de bálsamo de nardo puro, de grande preço, ungiu os pés de Jesus, e os enxugou com seus cabelos; e a casa inteira ficou cheia do perfume do bálsamo. Então Judas Iscariotes, um dos seus discípulos, filho de Simão, aquele que o havia de trair, disse: Por que não se vendeu este bálsamo por trezentos denários, para dá-los aos pobres? Ele disse isto, não porque se importasse com os pobres, mas porque era ladrão e, tendo a bolsa, roubava o que aí era colocado. Disse então Jesus: Deixai-a; para me ungir no dia do meu sepultamento é que o guardou. Pois sempre tereis pobres convosco, mas a mim nem sempre me tereis.*

Marta, como você deve se lembrar, censurou Maria por ela ter negligenciado o trabalho doméstico. Jesus disse: *Maria escolheu a melhor parte* (Lucas 10:42), querendo dizer que Marta, nessa ocasião, deveria reconhecer o que estava acontecendo com Maria. Marta não sabia, mas Jesus tinha consciência de que Maria estava abrindo seu mais íntimo ser à verdade espiritual. Nessa segunda ocasião ela havia aberto novamente sua visão; ninguém a não ser ela pôde perceber que o Mestre estava prestes a morrer, nenhum dos outros abrigava esse pensamento, mas o eu interior de Maria percebeu; vendo que ele estava para abandonar seus amigos, como um símbolo de despedida ela massageou seus pés com o bálsamo. Maria mostrou compreender o Mestre como nenhum dos outros.

(12:9-15) *Uma grande multidão de judeus, tendo sabido que ele estava ali, veio, não só por causa de Jesus, mas também para ver Lázaro, a quem ele ressuscitara dos mortos. E os chefes dos sacerdotes deliberaram matar também a Lázaro, porque muitos, por causa dele, deixavam os judeus e criam em Jesus.*

No dia seguinte, uma grande multidão de povo, que viera para a festa, por ter ouvido que Jesus vinha a Jerusalém, tomou ramos de palmeira e saiu ao seu encontro, clamando: Hosana! Bendito o rei de Israel que vem em nome do Senhor. E Jesus encontrando um jumentinho, montou nele, como está escrito: Não temas, filha de Sião! Eis que vem o teu Rei montado num jumentinho.

Em algumas escolas de pensamento, o jumento é considerado símbolo da alma ou da psique humana, que é o centro do desejo, do sentimento e da emoção. Outro símbolo da alma é a água; a alma, às vezes, é turbulenta como um mar encapelado, e precisa ser controlada e subjugada pelo Cristo (como Jesus demonstrou acalmando as ondas). O jumento não domado que carregou Jesus até Jerusalém significa a alma ou psique que Jesus dirigia, provando ser o mestre do eu emocional (o jumento) assim como havia mostrado dominar a água turbulenta. Todos os homens experimentam emoções e paixões que surgem e dominam o julgamento; o homem também sabe que quando o espírito verdadeiro do Mestre Cristo surge dentro dele essas paixões definham.

O povo está sempre pronto para aclamar qualquer um que expresse poder e posição material, mas raramente consegue discernir o mérito real e a verdadeira grandeza espiritual. Ele substitui isso pela fama e publicidade. Jesus estava tentando mostrar o melhor caminho. Ele montou num jumento, símbolo de humildade também. A multidão o saudava, mas ele manteve-se impassível. A multidão costuma estar sempre pronta para aclamar alguém em posição elevada, mas fracassa em reconhecer o verdadeiro rei.

(12:16-23) *A princípio, os seus discípulos não compreenderam estas coisas, mas quando Jesus foi glorificado, lembraram-se de que estas coisas tinham sido escritas a seu respeito e que elas tinham sido cumpridas. A multidão, pois, que estava com ele quando Lázaro foi chamado do sepulcro e ressuscitado dos mortos, dava testemunho dele. Por isso, o povo saiu-lhe ao encontro; porque tinham ouvido dizer que ele fizera este milagre.*

Os fariseus então disseram uns aos outros: Vedes que nada conseguis? Eis que todos vão após ele.

Ora, havia alguns gregos, entre os que tinham subido a adorar no dia da festa. Estes aproximaram-se de Filipe, que era de Betsaida da Galiléia, e rogaram-lhe, dizendo: Senhor, queríamos ver Jesus.

Filipe foi dizê-lo a André; André e Filipe o dizem a Jesus. Jesus respondeu-lhes dizendo: É chegada a hora em que o Filho do Homem será glorificado.

Acreditamos que o Filho do homem, neste caso, significa o filho da carne – ou o corpo etérico do homem, que pode ser considerado como nascido da carne (num sentido) pois compartilha das mesmas vibrações do corpo. Sua parte inferior, que se demora por um curto período de tempo após a morte do corpo físico desintegrando-se é, na verdade, uma réplica do corpo físico, só que com uma textura muito mais sutil. A parte mais pura do corpo etérico é a que será salva para a vida eterna – ela representa o Filho do homem. Jesus disse que o Filho do homem seria glorificado, uma vez que a vida espiritual o inspira e o eleva à vida eterna.

(12:24) *Em verdade, em verdade vos digo que, se o grão de trigo que cai na terra não morrer, ficará só, mas se morrer produzirá muito fruto.*

O eu corporal é a casca do grão que terá de se dissolver, mas no seu interior está armazenada a vida; se a casca exterior não se abrir, a vida interior também morrerá. Em outras palavras, o homem deve morrer para o mundo antes de ser levado à vida eterna. Todos os desejos e sentimentos inferiores devem morrer. Eles sempre morrem no fim; mas enquanto o homem se prende a eles é como se estivesse morto. É necessário perder as algemas mortais para se ganhar asas espirituais.

Quando uma alma passa para o mundo espiritual, vem sobrecarregada pelo seu eu anterior e ainda é da Terra, terrena; então ela se submete a uma maravilhosa experiência espiritual enquanto aparentemente continua adormecida; quando, afinal, desperta para a verdadeira vida, conscientiza-se da onipresença de Deus – Deus em toda a vida, nas flores, nas árvores, no ar que ela respira, na água corrente, na substância da Terra em si; Deus no irmão a seu lado, Deus em todas as formas, Deus em todos os lugares. Contudo, para alcançar essa realização, a alma precisa primeiro ser forte, totalmente livre de todos os laços terrenos; ter propensão para desistir de tudo pelo amor supremo a Deus.

No próprio ato de rendição, tudo é restaurado, pois a alma renasce na vida de Deus; ele vê seus entes mais próximos e queridos numa beleza e luz maior do que nunca, e eles lhe são restaurados, não em seus eus inferiores mas como almas puras. Desprendendo-se da vida mortal, que já foi considerada tão preciosa, a alma alcança uma vida mais abundante. Você nunca perde nada que lhe seja querido, pois no amor não existe separação; não pode haver nenhuma perda para quem ama de verdade.

(12:25) *O que ama a sua vida, perdê-la-á, e quem odeia a sua vida neste mundo, guardá-la-á para a vida terna.*

Quando o homem não sofre mais o domínio das reivindicações e paixões do corpo e do eu inferior, ele ingressa no divino, renasce numa vida superior. Isso pode acontecer enquanto ele ainda está no corpo físico; a alma abandona o desejo apenas para ser preenchida pela intensa alegria da vida mais abundante; no final isso deve acontecer, pois o homem existe para desfrutar de todas as bênçãos de Deus e para viver cada momento expressando felicidade.

(12:26-29) *Se alguém me serve, siga-me, e onde eu estiver, estará ali também o meu servo. E se alguém me serve, meu Pai o honrará.*

Agora a minha alma está conturbada. Que direi? Pai, livra-me desta hora. Mas foi para isso que eu vim. Pai, glorifica o teu nome. Então veio do céu uma voz dizendo: Eu o glorifiquei e o glorificarei novamente. O povo que ali estava e ouvia dizia que havia sido um trovão. Outros diziam: Um anjo falou com ele.

O nome de Deus é glorificado pelo homem que se torna perfeito, elevado à perfeição e à vida eterna pelo Cristo que está dentro dele. O mistério que nos esforçamos por ensinar é que o homem é glorificado pelo espírito de Cristo e que a finalidade da vida do homem é a glorificação da carne e da Terra, a elevação das vibrações da matéria física até que todo o planeta fique sublimado, espiritualizado, e o homem retornar para o seio do Pai-Mãe-Deus.

(12:30-33) *Jesus respondeu e disse: Esta voz não ressoou para mim, mas para vós. É agora o julgamento deste mundo; agora será lançado fora o príncipe deste mundo. E eu, quando for elevado da terra, atrairei todos a mim. Dizia isto para indicar de que morte havia de morrer.*

...Não pela morte da vida espiritual nele, mas pela morte dessa parte do corpo etérico que é terrena. O príncipe do mundo – o corpo, o eu inferior. O espírito interior tornar-se-á forte, tão poderoso que o corpo e a vida física não mais conseguirão manter o domínio. E eu, quando for levantado – quando o Cristo interior for levantado – atrairei todos a mim. Palavras verdadeiras, pois com a elevação do poder do Cristo interior, o homem venerará por motivos, pensamentos e ações verdadeiros, e pelo exemplo e poder de seu eu verdadeiro atrairá todos a ele.

(12:34-50) *Respondeu-lhe o povo: Sabemos, pela lei, que o Cristo permanece para sempre; e como dizes tu que o Filho do homem deve ser levantado? Quem é esse Filho do homem?*

Disse-lhes Jesus: Por pouco tempo a luz estará convosco. Caminhai enquanto tendes luz para que não vos surpreendam as trevas; quem caminha nas trevas não sabe para onde vai. Enquanto tendes a luz, crede na luz, para que sejais filhos da luz.

Essas coisas disse Jesus, e retirando-se, escondeu-se deles. Apesar de ter feito ele tantos milagres na presença deles, não creram nele, para que se cumprisse a palavra do profeta Isaías, que diz: Senhor, quem acreditou na nossa palavra? E a quem foi revelado o braço do Senhor? Não podiam crer, pelo que disse ainda Isaías: Cegou-lhes os olhos e endureceu-lhes o coração, para que seus olhos não vejam, seu coração não compreenda e não se convertam e eu não os cure. Isto disse Isaías, quando viu a sua glória e falou a respeito dele.

Contudo, muitos dentre os chefes creram nele; mas, por causa dos fariseus, não o confessavam, para não serem expulsos da sinagoga, pois amavam mais a glória dos homens do que a de Deus.

Jesus, levantando a voz, disse: Quem crê em mim, não é em mim que crê mas naquele que me enviou. E quem me vê, vê aquele que me enviou. Eu, a luz, vim ao mundo para que aquele que crê em mim não permaneça nas trevas. E se alguém ouvir as minhas palavras e não acreditar, eu não o julgo, porque não vim para julgar o mundo, mas para salvá-lo. O que me rejeita e não acolhe as minhas palavras, tem quem o julgue; a palavra que eu tenho pregado, essa o há de julgar no último dia. Porque eu não tenho falado de mim mesmo, mas o Pai que me enviou, ele mesmo me deu o mandamento sobre o que devo dizer e o que hei de ensinar. E eu sei que o seu mandamento é a vida eterna. Portanto, o que digo, eu o digo como o Pai me disse.

Estes últimos versículos significam a mesma coisa: a luz interior no homem pode espiritualizar e embelezar todos os aspectos da vida. Quando a luz interior é expressa na vida material até os mínimos detalhes desta vida, a vontade de Deus está sendo cumprida, pois a vontade de Deus para o homem é a perfeição. Esta é toda a mensagem de Cristo – a manifestação da luz do céu pela Terra. Quando o divino brilha pela psique, ela não desaparece com o corpo físico mas é elevada à vida eterna; nem a psique tem necessidade de futura encarnação porque já encontra sua vida em Cristo.

É muito difícil converter essas verdades em palavras. Nós falamos sobre o que aprendemos, que o homem tem de ser salvo de seu eu inferior e que esse eu precisa morrer, pois então um novo homem renasce para a vida eterna. Isso é o que acontecerá na nova era – uma expressão, uma manifestação no mundo da luz divina. Então não haverá mais morte. Crer e esperar por uma vida após a morte não é suficiente. A alma do homem precisa renascer. Pois enquanto o homem não renascer, não poderá entrar no reino.

Os homens têm estudado a mensagem do Mestre Jesus, mas ainda não compreenderam sua implicação total. O homem não compreende nem mesmo por que seu espírito veio dos reinos da luz, como uma centelha divina, para residir na matéria. Se ele compreendesse a finalidade da sua vida aqui, em vez de se limitar à Terra, ele voltaria agradecidamente sua face à luz. Em vez de residir na forma do homem crucificado, ele veria um Sol nascente, e no coração do Sol veria o Ser Perfeito. Ele veria essa forma, com os braços esticados, formando uma cruz de luz dentro do círculo da luz do Sol, e estaria vendo sua meta, o final da sua caminhada.

Fixe nos olhos de sua mente esse quadro que pintamos de Jesus, o Ser Perfeito, de pé com os braços esticados dentro do Sol dourado. Esse sol dourado representa a vida, pois por trás do Sol físico brilha uma glória espiritual que é a verdadeira essência de sua vida e poder. Na Terra, todo homem ou mulher tem, no seu interior, essa mesma luz do Sol (do Filho) e, se quiser, pode atraí-la para si numa medida sempre crescente. Pode absorver essa força vital da água que bebe, do ar que respira, do alimento puro que consome. Pode absorver essa força vital e espiritual na plenitude da consciência, e isso fará com que ele cresça em espírito até que todo o seu ser irradie a luz como essa forma simbólica de Jesus no Sol – o quadro do Cristo ressuscitado.

Mas algo tem de acontecer antes que o homem ressuscite das trevas para a luz, da morte para a vida. Quando você vive no espírito, a vida é eterna; no entanto, o primeiro passo que o homem deve dar enquanto está na Terra é livrar-se do cativeiro que representa as limitações da carne e compreender que sua vida espiritual é que é real e eterna. No espírito, não existe morte nem separação; não há tempo no qual você não existia e não haverá tempo no qual não existirá. Às vezes me perguntam: "No final, seremos absorvidos pela luz infinita e pela glória de Deus, e então perderemos a nossa a individualidade?" Respondemos que quando você se desenvolver e crescer na vida de Cristo, tornar-se-á cada vez mais individual, e ao mesmo tempo cada vez mais absorto na luz infinita que venera como Deus. Você não vê que, quanto mais o Cristo se desenvolve no homem, mais bela é a sua forma e a sua vida, mais certeza existe de que ele conservará sua individualidade? E mais certo é também que, irradiando a luz do Cristo, ele se tornará unido ao Pai.

Jesus disse: *Eu e meu Pai somos um só* (Jo. 10:30). Ele tentou ensinar ao mundo a verdade profunda de que Deus está dentro do homem. Mas o homem recebeu o livre-arbítrio. Ele pode permitir que Deus se desenvolva, pode encorajar o crescimento de Cristo nele ou mergulhar no seu eu inferior, e rejeitar esse crescimento.

A história do nascimento, vida, crucificação, ressurreição e ascensão de Jesus é uma representação simbólica da vida de todo homem. Cada acontecimento na história da vida de Jesus de Nazaré é uma iniciação do que acontecerá em cada vida humana. Passo a passo, o Mestre Jesus mostrou como você, a alma viva, deve percorrer o caminho que ele trilhou; como, por uma série de iniciações (cada iniciação traz uma expansão da consciência), você progredirá ao longo do caminho espiritual até finalmente vencer a morte, a última inimiga do homem.

O trabalho do espírito do homem aqui é, portanto, purificar a carne para que não haja doenças nem corrupção. O corpo é purificado pelo poder do Deus interior, para que, quando a forma inferior se desprender, a forma do ser perfeito, a alma e o corpo dos átomos purificados continue, como Jesus demonstrou. Quando o homem purifica sua vida pelo amor, pela sabedoria divina e pelo serviço a seus semelhantes, então seu corpo físico torna-se refinado e rarefeito, seu corpo torna-se tão puro que entra no mundo do espírito sem a corrupção da carne.

13

Traição e Perdão

Antes de voltar ao nosso tema, gostaríamos de falar sobre o que se pode esperar de uma alma purificada num irmão superior ou mestre. As pessoas terrenas carecem do poder de ver os mestres, e por isso duvidam da sua existência. Para o homem ou mulher vivificado pela luz do verdadeiro espírito, no entanto, o reconhecimento da pureza e da perfeição em alguém torna-se mais fácil. Talvez você tenha tido a oportunidade de ver um guia, um mestre ou amigo predileto que passou para um mundo superior; certamente ficou impressionado com a beleza desse ser, com a luz que se irradia dele ou dela; há uma pureza, uma luminosidade especiais. Em vez do invólucro carnal, o espírito parece etéreo, como que iluminado por uma luz interior. Por boas razões, você pode acreditar que só a beleza e a paz cingem e preenchem o coração do seu predileto nessa vida no além. Quando um mestre ou irmão superior se manifesta, uma delicadeza e pureza semelhante pode ser notada na própria textura de sua pele.

Vamos imaginar que estamos viajando ao longo de uma estrada solitária numa região montanhosa como, por exemplo, o Tibete. Um homem se aproxima a distância. À primeira vista, não notamos nada de extraordinário, mas à medida que ele se aproxima, uma mudança ocorre no nosso interior – reagimos a certas emanações vindas dele, e nossa consciência é elevada, enquanto nossa compreensão aumenta. Algo que não conseguimos definir está acontecendo. A luz parece fluir de seus olhos, do seu rosto e de todo o corpo. A textura de sua pele é diferente da dos mortais comuns – mostra-se radiante, celestial. Medite sobre esse quadro, fixe-o pela imaginação até ele se tornar uma realidade viva para você. Daí em diante, sempre que o encontrar em sua meditação, você reconhecerá esse homem santo. Suas feições podem se parecer com as de um tibetano, um hindu, um inglês, ou talvez lembrem as de alguma pintura conhecida do Mestre Jesus. Podem também ser as de um índio americano. Sejam quais forem suas feições, você o reconhecerá pela pureza celestial de suas formas. É impossível confundir um mestre.

Tudo isso tem uma clara relação com o tema deste capítulo do evangelho, no qual Jesus se empenha em traduzir uma verdade vital relativa à psique ou alma humana, que é a ponte, o elo de conexão, por meio do qual o espírito puro é capaz de se manifestar através de um corpo físico.

A psique, lembramos mais uma vez, tem dois aspectos – o terreno, que no fim se desintegra, e o outro, o superior, que prossegue para se tornar eterno. Esse processo de se tornar eterno acontece lentamente nas sucessivas encarnações. Como a alma ou psique é composta dessas duas partes, qualquer uma das duas pode dominar, tanto a celestial como a terrena. Muita coisa é absorvida pela psique durante as sucessivas encarnações; é como um armazém ou depósito de todas as experiências terrenas. No homem comum, ela ainda não se tornou pura, e é, na verdade, a causa de muito egoísmo, cobiça e desejos, com os quais o eu superior tem de argumentar. Este capítulo trata da necessidade de purificar a psique – uma lição muito sutil. A alma precisa purificar-se totalmente e conseguir a verdadeira humildade, a simplicidade das crianças. O Mestre disse: *Se vos não converterdes e não vos tornardes como crianças, não entrareis no reino dos céus* (Mt. 18:3). A menos que a psique se purifique por atos de abnegação e amor, não pode ir muito longe, não pode seguir o Mestre para onde ele vai. O Mestre disse: *Não podes seguir-me agora para onde vou* (Jo. 13:36), ao que Pedro respondeu: *Senhor, por que não posso seguir-te agora? Darei a minha vida por ti* (37). O Mestre podia ver que a psique de Pedro estava longe da purificação. Ele era como muitos que, embora proclamem estar prontos para renunciar ao mundo a fim de seguir o caminho espiritual, não estão preparados para se verem meramente como um canal ou instrumento, embora desejem reconhecimento e posição. Isto é o que o Mestre podia ver em Pedro – uma arrogância, um desejo de ser alguém importante. Mas: "Não, Pedro. A não ser que você se torne como uma criança, com um grande amor no seu coração, não por si mesmo, não pelo mundo, mas por Deus apenas, não poderá me seguir para onde eu vou." Você percebe? Jesus estava tentando ensinar a necessidade de sermos simples, de vivermos uma vida calma e despercebida, como uma fonte curadora de água viva em solo ressecado.

Qual o significado esotérico deste capítulo – Jesus lavando os pés dos discípulos –, e por que ele disse que, se lavasse os pés de Pedro, não haveria necessidade de mais nada? Isto é importante, pois, astrologicamente, os pés estão associados com a água, com o signo de Peixes, e os peixes estão associados à alma. Portanto, o fato de Jesus lavar os pés dos discípulos é um símbolo da purificação da psique ou corpo dos seus desejos. Jesus pretendia ensiná-los que se os desejos são puros não há necessidade de preocupar-se com mais nada. Isso talvez não pareça muito importante – mas pondere a respeito, pois uma vez que a psique está limpa e os desejos são puros, então o pensamento e a ação também o são.

Isso é o que queremos dizer com a nossa pequena história sobre o encontro com o mestre nas montanhas. A psique de um Mestre é livre de desejos e é tão pura que até a textura da pele encontra-se transmutada. Os ocultistas se privam de comer carne ou outros alimentos grosseiros, a fim de acelerar a purificação do veículo físico. Sem dúvida, isso ajuda – nós acreditamos nisso – mas, se os desejos são puros, não importa o que você coma, pois a influência das águas puras do espírito limpará e purificará os átomos físicos.

Chegamos então ao episódio da traição de Jesus. Aqui está um dos mais perfeitos exemplos da verdadeira fraternidade ou amor divino. Parece quase que o Mestre escolheu Judas entre os discípulos para traí-lo. Você deve estar lembrado de que, quando todos se reuniram em torno da mesa para a ceia, Jesus disse: *Um de vós me trairá*. Então, o discípulo amado recostou a cabeça no peito do Mestre. *Senhor, quem é?*, perguntou. Aqui deduz-se que Jesus deliberadamente escolheu o seu traidor. Jesus disse: *É aquele a quem eu der um pedaço de pão umedecido no molho*. Era Judas. Então Jesus continuou: *O que tens a fazer, faze-o depressa*

(21-27). Na verdade, o episódio é muito curioso: O Mestre sabia que, quando uma ação permanece no pensamento por longo tempo, atrai muito mais implicações. Linhas diferentes ou acontecimentos comuns tendem a se centralizar em torno de algum grande acontecimento. No trabalho do karma muitos incidentes parecem levar ao acontecimento vigente. Por esse motivo Jesus recomendou a Judas: *O que tens a fazer, faze-o depressa*, pois meditando sobre isso Judas poderia acrescentar mais peso ao seu karma. Isto leva a outro ponto. No caminho espiritual, a alma tem de aprender a agir corretamente de uma forma espontânea. Enquanto a lei espiritual não se integrar a ele de modo a sua ação ou reação espontânea estar correta, a alma cometerá erros. Porém, é melhor agir errado por impulso do que por malícia deliberada ou maus pensamentos. As lições podem ser aprendidas, recebendo-se o castigo por meter-se em coisas alheias.

Por que Jesus escolheu Judas para traí-lo? Este é um exemplo maravilhoso de amor perfeito. Jesus era capaz de ler o passado, e portanto sabia qual era o karma de Judas. Ele viu que no passado Judas havia sido vítima de traição, sendo posteriormente assassinado; seu instinto seria compensar esse débito kármico com outra traição e assassinato. Jesus sabia que, se Judas desse vazão a esse instinto, o karma colocado em movimento entre Judas e qualquer homem comum continuaria por muitas vidas a oscilar de um lado para outro. Já explicamos que a interação do karma entre as almas pode ser comparada a uma bola arremessada para lá e para cá, ininterruptamente, até o momento em que a alma da pessoa retribua o mal com o bem. Nisto podemos ler a verdadeira doutrina subjacente ao perdão ou remissão dos pecados. Jesus estava apagando o pecado de Judas. Por seu grande amor, ele atraiu esse débito para si mesmo de modo a poder perdoar Judas, transformar o ódio em amor, e assim quebrar uma seqüência que poderia ter continuado por eras. Jesus não retribuiria o mal com o mal. Ele perdoou o pecado antes mesmo que este fosse cometido, eliminando-o. Esse mesmo ato de perdão está profundamente engastado no ensinamento do Mestre... perdoar, perdoar. Oportunidades semelhantes surgem para todo o mundo; você pode retribuir com o perdão do amor a quem o prejudicou, ou então recusar esse amor e alimentar um profundo ressentimento, que mais tarde será trabalhado pela lei do karma.

Os versículos que encerram este capítulo contêm o mandamento para amar uns aos outros. Cristo, por intermédio do Mestre Jesus, acrescentou: *Nisto conhecerão todos que sois meus discípulos: se tiverdes amor uns aos outros* (35). Toda a mensagem do grande Mestre do mundo da Era de Peixes foi de um amor divino no qual não pode haver nenhuma cobrança. Ele demonstrou isso. Ele não disse: "Amem apenas em determinadas circunstâncias", mas recomendou: *Amai-vos uns aos outros* (34) e *Levai os fardos uns dos outros* (Gal. 6:2). Meu irmão, toda a doutrina de Cristo é de fraternidade – e do poder de amar. Os dois mil anos da Era de Peixes que passou devem ser vistos como um período de preparação. Em nossa Era, a de Aquário, a humanidade receberá novas oportunidades para colocar esse ensinamento em ação. Resta ver com que presteza a humanidade assimilará e compreenderá o significado da fraternidade e o poder do amor, quão rapidamente aprenderá a perdoar os pecados do mundo. Quando isso acontecer, seremos testemunhas da segunda vinda de Cristo. Não por meio de um homem divino mas pela humanidade coletiva que externará Cristo pela fraternidade e amor, pelo caminho, a verdade e a vida. *E eu, quando for levantado da terra, atrairei todos os homens a mim* (Jo. 12:32). As palavras significam exatamente isso.

(13:1-4) *Antes do dia da festa da Páscoa, sabendo Jesus que já era chegada a sua hora de passar deste mundo ao Pai, tendo amado os seus, que estavam no mundo, amou-os até o fim. E, acabada a ceia, tendo já o demônio posto no coração de Judas Iscariotes, filho de Simão, de o traí-lo, Jesus sabendo que o Pai tinha posto em suas mãos todas as coisas e que ele saíra de Deus e ia para Deus, levantou-se da ceia, tirou as vestes e, pegando numa toalha, cingiu-se com ela.*

Tirou as vestes pode ser interpretado como a deposição da vida celestial da qual ele viera. Ele estava mostrando pelo símbolo que não tinha vindo ao mundo por compulsão, para concluir o seu karma, mas voluntariamente. Ele depôs sua vestimenta (sua vida universal) e cingiu-se com uma toalha – em outras palavras, vestiu-se com a carne mortal, com um corpo humano. Recebeu a água (símbolo da psique) e veio ao mundo para ajudar a purificar a alma do homem do ego e do desejo.

(13:5-10) *Depois, deitou água numa bacia e começou a lavar os pés dos discípulos e a enxugá-los com a toalha com que estava cingido. Aproximou-se, pois, de Simão Pedro; e Pedro disse-lhe: Senhor, tu me lavas os pés? Respondeu Jesus e disse-lhe: O que eu faço, tu não o compreendes agora, mas compreendê-lo-ás depois. Disse-lhe Pedro: Nunca me lavarás os pés. Respondeu-lhe Jesus: Se eu não te lavar, não tens parte comigo. Disse-lhe Simão Pedro: Senhor, não apenas os meus pés, mas também as mãos e a cabeça. Disse-lhe Jesus: Aquele que se lavou não tem necessidade de lavar senão os pés, pois no mais todo ele está limpo. Vós estais limpos, mas não todos.*

Pedro tinha a aspiração; ele queria ser bom, queria seguir o Mestre, mas seu corpo de desejo não estava totalmente limpo; estava escurecido pelos desejos que ninguém senão o Mestre podia ver. Jesus queria limpar Pedro dessa inconveniência. Pedro queria brilhar diante dos outros. O Mestre lhe disse então: *Não cantará o galo sem que tu me tenhas negado três vezes* (38), indicando de um lado que ele sabia do desejo de Pedro de se elevar perante os olhos do mundo, e de outro que Pedro ainda não tinha coragem ou força para viver brava e humildemente pela verdade. Quantos são como Pedro!

(13:11-16) *Porque ele sabia quem o havia de trair por isso disse: Nem todos estais limpos. Depois que lhes lavou os pés e que tomou as suas vestes e se assentou outra vez, disse-lhes: Compreendeis o que vos fiz? Vós chamais-me Mestre e Senhor e dizeis bem, porque eu o sou. Ora, se eu, Senhor e Mestre, vos lavei os pés, também deveis lavar os pés uns aos outros. Porque eu vos dei o exemplo, para que, como eu vos fiz, assim façais vós também. Em verdade, em verdade vos digo: que não é o servo maior do que seu senhor, nem o enviado maior do que aquele que o enviou.*

Se eu, pois, Senhor e Mestre, vos lavei os pés, também deveis lavar os pés uns aos outros. (14) O Mestre fez isso como uma demonstração. Em outras palavras, você deve ajudar seu irmão a limpar-se do desejo, não fazer nada para aumentar-lhe o desejo inconveniente. Isso demonstra também a necessidade da humildade completa e total. Como Jesus disse antes: *Nem todo o que me diz: Senhor, Senhor, entrará no reino dos céus, mas o que faz a vontade de meu Pai, que está nos céus* (Mt. 7:21). A alma que se tornou tão pura de desejos é inconsciente de sua própria bondade. Não é pela aparência externa ou pelas palavras de um homem que se pode dizer o que ele realmente é, mas por sua completa simplicidade e humildade. Um grande homem ou mulher é realmente humilde: não tem consciência de si mesmo, portanto é como uma criancinha.

(13:17-31) *Se sabeis estas coisas, bem-aventurados sois se as fizerdes. Não falo de todos vós; eu conheço os que escolhi; mas é preciso que se cumpram as Escrituras: O que come o pão comigo levantou o seu calcanhar contra mim. Desde agora vo-lo digo, antes que aconteça, para que, quando acontecer, acrediteis que eu sou. Em verdade, em verdade vos digo: quem receber aquele que eu enviar, me recebe a mim, e quem recebe a mim, recebe aquele que me enviou. Tendo dito estas coisas, Jesus turbou-se em espírito e afirmou, dizendo: Em verdade, em verdade vos digo que um de vós me há de trair.*

Olhavam, pois, os discípulos uns para os outros, sem saber de quem ele falava. Ora, um dos seus discípulos, a quem Jesus amava, estava recostado sobre o peito de Jesus. A este, pois, Simão Pedro fez sinal para que perguntasse quem era aquele de quem ele falava. E, inclinando-se ele sobre o peito de Jesus, disse-lhe: Quem é, Senhor?

Jesus respondeu: É aquele a quem eu der um pedaço de pão umedecido no molho. Molhando pois o bocado, deu-o a Judas Iscariotes, filho de Simão. E depois do bocado, entrou nele Satanás.

Disse pois Jesus: O que tens de fazer, faze-o depressa. Nenhum dos que estavam à mesa percebeu por que lhe dissera isto. Porque como Judas tinha a bolsa, julgavam alguns que Jesus lhe tinha dito: Compra as coisas que nos são necessárias para a festa, ou que desse alguma coisa aos pobres. Ele, pois, tendo recebido o bocado, saiu logo. E era já noite. Depois que ele saiu, disse Jesus: Agora o Filho do homem é glorificado e Deus é glorificado nele.

Com a ação de atrair para ele o karma de Judas, a alma do Mestre foi glorificada e manifestou o amor divino. Quando Cristo é glorificado no homem significa que o homem está manifestando a glória de Deus. É isso o que acontece quando o perdão verdadeiro entra no coração de um homem: o amor verdadeiro e a compreensão por quem lhe fez mal. Então Deus é glorificado. Quando Deus é glorificado no homem, ele o eleva e o homem é glorificado em Deus. Em outras palavras, quando um homem perdoa seu inimigo e o ama, esse ato eleva sua alma na consciência, ligada diretamente à esfera de Cristo, o faz compartilhar da irradiação do amor de Deus. Talvez você tenha experimentado isso num pequeno grau ao retribuir com amor quando poderia ter feito o contrário. Você fica profunda, calma e sutilmente feliz. Deus se glorifica em você; Ele o eleva para que você compartilhe de Sua felicidade no céu.

Todas essas verdades esotéricas são dirigidas a você, à sua alma, e todas elas pouco a pouco se movimentam ascendentemente pelo caminho da montanha. Isso que descrevemos está à espera de cada homem de todas as eras. Diante de você, abre-se um caminho para a felicidade eterna, algo que você achava inacreditável até agora. Descrevemos a aparência de um mestre, a beleza de sua forma, a pureza de sua alma; isto é para você também. Você experimentará isso. Deus se glorificará em você, manifestar-se-á por você e assim você será elevado. Esse é o caminho sobre o qual seus pés estão postos, e cada esforço seu para amar e perdoar eleva-o mais, aproximando-o da felicidade e da perfeição da vida.

(13:32-38) *Se Deus é glorificado nele, Deus também o glorificará em si mesmo; e logo o há de glorificar. Filhinhos, por pouco tempo ainda estou convosco. Buscar-me-eis, e, como eu disse aos judeus: Para onde eu vou, vós não podeis ir, agora também vo-lo digo. Dou-vos um novo mandamento: que vos ameis uns aos outros. Assim como eu vos amei, amai-vos também uns aos outros. Nisso conhecerão todos que sois meus discípulos, se tiverdes amor uns pelos outros.*

Disse-lhe Simão Pedro: Senhor, para onde vais?

Jesus respondeu-lhe: Para onde eu vou não podes agora seguir-me, mas me seguirás mais tarde.

Disse-lhe Pedro: Por que não posso seguir-te agora? Darei a minha vida por ti.

Jesus respondeu-lhe: Darás a tua vida por mim? Em verdade, em verdade te digo: Não cantará o galo enquanto não me tiveres negado três vezes.

Observe o critério de Jesus: *Não podes agora seguir-me, mas me seguirás mais tarde* (36). Tu não podes vir ainda; Jesus conseguia ver a alma kármica e o desejo físico de Simão Pedro e sabia que ele não estava pronto, que tinha de ser limpo antes de alcançar o estado que o colocaria em condição de segui-lo. *...mas me seguirás mais tarde* – uma promessa que não apenas Pedro, mas todos os homens realizarão ao entrar no céu preparado para eles pelo amor de Cristo, do Filho.

14

“O Pai em Mim”

Vendo Jesus as multidões, subiu a um monte, e, tendo-se sentado, aproximaram-se dele os seus discípulos. E Ele, abrindo a boca, os ensinava (Mt. 5:1-2). Somos essa multidão de ouvintes. Também podemos ser discípulos de Jesus; porém sendo ou não discípulos, temos condições de subir a montanha da pureza e da aspiração espiritual, e ouvir na tranqüilidade do espírito a voz da verdade. As palavras por si mesmas não podem traduzir a verdade, mas há ao nosso redor os irmãos superiores, radiantes, puros, e os espíritos santos, os anjos do trono de Deus, que trazem a cada um essa doçura, esse amor do espírito divino, que o capacita a perceber a verdade e captar intuitivamente o significado subjacente de certas palavras ou frases. Nós nos encontramos como irmãos, todos no mesmo nível, para ouvir a verdade divina, recebemos com você, e do mesmo modo como recebemos, transmitimos. Que a paz resida em cada um de nós.

O décimo quarto capítulo do evangelho é um dos mais conhecidos, e o que contém, talvez, a jóia de todo o evangelho, que pode ser resumido nesta simples palavra – o amor, que é o caminho, a verdade e a vida.

A verdade espiritual é indefinível e nem sempre pode ser revestida por palavras. Não convém tentar compreender este profundo embora simples capítulo apenas com o intelecto; seu significado somente ficará claro com o desenvolvimento da luz interior. Somente por meio da espiritualidade vivida e externada por relacionamentos humanos amáveis e cálidos (à parte qualquer compreensão mental de nosso tema) a alma poderá entender a profundidade do ensinamento de Cristo.

A letra mata, mas o espírito vivifica (2 Cor. 3:6). A teoria da religião a está matando. Só o espírito de amor no coração lhe dará nova vida. Tão logo uma religião se detenha no estudo intelectual ela perde seu poder, e somente quando ela se tornar uma força viva na vida de cada alma individual o mundo encontrará a salvação. Tal afirmação pode soar fora de moda; o que queremos dizer é que somente o espírito dá a vida, a vida eterna. A luz do espírito se reduz à medida que o homem prende-se à matéria, ficando revestida pelo ego; no entanto, como resultado de sua experiência e sofrimento, ela volta a crescer nele até, afinal, permear cada caminhada da vida.

O décimo quarto capítulo do Evangelho de São João revela a verdadeira vida ao mundo tão extremamente necessitado. Ele começa com o Mestre Jesus dizendo a seus discípulos (e a todas as almas que anseiam pela verdade e pela realidade): *Não se turbe o vosso coração. Credes em Deus, credes também em mim. Na casa de meu Pai há muitas moradas* (1-2).

Qual o significado de: *Na casa de meu Pai há muitas moradas?* "Na casa de meu Pai": Acreditamos que ele esteja referindo-se a cada jornada da alma durante muitas encarnações. Na "casa de meu Pai", na jornada da vida que Deus preparou para a alma, há lugares até para repouso, há muitas moradas. Essas moradas podem estar ligadas aos estados de consciência, de realização, aos momentos de iluminação ou de iniciação. "Na casa de meu Pai" há muitos e muitos lugares de repouso onde a alma recebe o descanso e o conforto – lugares que podem ser alcançados mesmo durante a encarnação, onde se pode desfrutar do mundo do espírito.

Vamos nos familiarizar com este ponto: na vida, é comum haver momentos de dificuldades em que a jornada parece seguir um caminho muito íngreme e há uma profunda sensação de cansaço e você se sente sujo com a poeira da vida cotidiana e a sordidez das condições medíocres. Inesperadamente, você passa por um lugar de descanso. Você não sabe o que acontece; mas um dia, sem nenhum motivo aparente, você se encontra em estado de graça, a luz e a alegria preenchem o seu ser. Você encontrou uma das moradas do Pai-Mãe-Deus. Essas demonstrações do amor eterno de Deus freqüentemente passam despercebidas, evidenciando, contudo, uma rica experiência espiritual. Quando o Mestre fala que vai preparar um lugar para os discípulos, ele acrescenta: *Depois que eu for* (3), querendo dizer que os discípulos seriam grandemente ajudados pela sua ida. Sua retirada da manifestação física capacitaria os discípulos a encontrarem o lugar que buscavam dentro de suas próprias consciências. Enquanto o Mestre estava presente, freqüentemente eles deixavam de compreender a verdade de suas palavras; com sua ida, porém, ele estava preparando um lugar (uma condição) na qual eles pudessem perceber sua presença contínua com eles e dentro deles.

Você mesmo já deve ter experimentado isso algumas vezes. Basta ouvir a voz de seu guia ou mestre para sentir-se confortado. Você se sente como se tivesse sido abandonado, sente-se aparentemente sozinho (na verdade, você nunca é abandonado, embora assim pareça) e precisa esforçar-se por si mesmo para chegar ao centro da verdade e do reconforto.O mestre não disse: *Pedi e vos será dado; buscai e achareis* (Mt. 7:7)? Vivenciando períodos de aparente solidão a alma aprende a pedir e buscar, e por meio da meditação e contemplação encontra o seu lugar em algum estado de consciência superior que sempre esteve pronto.

A dificuldade é que, enquanto a alma está presa num corpo denso, ela se desenvolve pensando em termos materialistas; ela não consegue escapar do cativeiro da carne.

Mais tarde, Jesus fala do Espírito Santo, do Confortador que ele enviaria, *O Espírito da verdade* (17). Há séculos os homens perguntam: O que é esse Espírito Santo? Quem é o Espírito Santo? Podemos apenas nos esforçar para transmitir a idéia com as seguintes palavras: O Espírito Santo é a inspiração sagrada, a inspiração de sabedoria e amor. Se você seguir o exemplo de Jesus, surgirá em seu caminho esse batismo, essa inspiração do Espírito Santo; esta é a iniciação do fogo divino, da sabedoria divina interior. Se a pessoa viver conforme o ensinamento de Jesus, no momento em que a alma se volta para dentro em contemplação e meditação, o Espírito Santo entra nela, e a inspiração ou presença sagrada é sentida, sendo indescritível por palavras e passível de conhecimento e compreensão apenas por parte do iniciado. O Espírito Santo é uma manifestação do fogo divino, da magia divina.

Vamos voltar ao tempo em que Jesus recebeu o batismo pelas mãos de João nas águas do rio Jordão (Jo. 1:25-34): ele foi batizado com a água, símbolo de limpeza e purificação da alma, de preparação ou iniciação em sua missão, em seu período de serviço. Os céus se abriram e a pomba desceu do céu, e pairou acima da cabeça de Jesus – uma manifestação do Espírito Santo ou da Mãe divina envolvendo seu Filho, sua criança amada, com a sabedoria da mãe.

Pense na pomba branca como uma manifestação do Espírito Santo, que é também um aspecto da sabedoria divina, da Mãe divina, alimentando com o fogo criativo da vida.

Por três anos Jesus demonstrou a uma humanidade ignorante os poderes do Espírito Santo, do fogo divino que é o Espírito Santo.

Você também pode receber o Confortador, o batismo do fogo divino. Quando esse fogo incendeia o quarto superior da sua casa, o centro mais elevado de sua cabeça, gera uma transmutação, traz sabedoria, tornando-o capaz de se livrar de todas as algemas, e permitindo-lhe alcançar os picos da sabedoria universal onde você conhecerá toda a verdade. Essa transmutação pode vir apenas num relance, na primeira vez, e é possível que um longo tempo se passe antes que você dê sua resposta. Mas o processo de evolução, de envolvimento e despertar espiritual e de vivificação continua para sempre; e no devido tempo, você alcançará a compreensão total do fogo do Espírito Santo e dos poderes criativos dentro de você, manifestados há muito tempo por Jesus, e, desde então, por muitos outros batizados pelo Espírito Santo.

(14:1-3) *Não se turbe o vosso coração. Credes em Deus, crede também em mim. Na casa de meu Pai há muitas moradas. Se não fosse assim, eu vo-lo teria dito. Vou preparar-vos um lugar. E quando eu me for e vos tiver preparado um lugar, virei novamente e vos levarei comigo, para que, onde eu estiver, estejais vós também.*

Aqui está um pensamento transcendente: embora eu vá preparar um lugar, tenho certeza de retornar pois preparei esse lugar na consciência de vocês com minha ida. Então nos encontraremos face a face. *Para que, onde eu estiver, estejais vós também.* A alma tocada pelo plano da consciência de Cristo é unificada, unida a Cristo. Não pode haver mais nenhuma separação.

(14:4-6) *E para onde vou, conheceis o caminho. Disse-lhe Tomé: Senhor, nós não sabemos para onde vais. Como podemos conhecer o caminho? Disse-lhe Jesus: Eu sou o caminho, a verdade e a vida; ninguém vem ao Pai senão por mim.*

Notem que os discípulos estão sempre pensando em termos materiais, mas o Mestre lhes fala a partir do espírito. "*Nós* não sabemos o caminho, Mestre; *nós* não sabemos para onde vais" – eles estão falando da mente pessoal, que tem de ser deixada de lado, antes que possam entender a importância esotérica das palavras do Mestre. *Eu sou o caminho, a verdade e a vida; ninguém vem ao Pai senão por mim* (6). Estas palavras contêm a mais profunda verdade! Tem havido mestres em todas as eras, grandes profetas que contribuíram para o progresso do homem ao longo do caminho da evolução, mas nenhum maior do que ele. A luz de Cristo ilumina o mundo. Ele é, na verdade, a luz do mundo. Não confunda Cristo com o homem por intermédio de quem ele trabalhou: Jesus de Nazaré, o Iniciado – o maior iniciado, pois foi capaz de renunciar a si mesmo total e completamente para receber a influência da luz divina de Cristo, o Filho. O estado de Jesus é um estado de progresso, uma condição que todos os homens atingirão um dia, uma condição de pureza, de perfeição, de humanidade perfeita. O estado de Cristo é esse estado de consciência alcançado pela ego individual quando está pronto para receber a iluminação que é o Cristo, o Filho do Logos, o Pai-Mãe-Deus.

Vemos em Jesus o amor e a entrega à vontade do Pai personificados. *Quem me viu, viu o Pai* porque *eu estou no Pai e o Pai está em mim* (9-10). A missão de Jesus era trazer para a humanidade o ensinamento do amor, pois todo desenvolvimento humano, e o desenvolvimento da Terra em si, baseia-se nesse denominador comum, o amor. Sua mensagem era muito simples: amai-vos uns aos outros. O amor é o cumprimento da lei; o amor no coração do homem é sua graça salvadora. Não é o homem Jesus como ser humano que salva o mundo; ainda assim, ele é o Salvador pois por meio dele fluiu a luz sagrada do Filho, a luz suprema dos céus que você conhece como Cristo; e dele foi o exemplo de amor divino demonstrado na vida humana. *Eu sou o caminho* (6) – o

Filho manifestado na vida humana como a luz do mundo. Ninguém vai ao Pai senão pelo caminho do amor absoluto.

(14:7-10) *Se me conheceis a mim, também conhecereis a meu Pai; e desde agora o conheceis, e o vistes.*

Disse-lhe Filipe: Senhor, mostra-nos o Pai e isso nos basta.

Disse-lhe Jesus: Há tanto tempo que estou convosco e ainda não me conheces,Filipe? Quem me viu, viu o Pai. Como dizes pois: Mostra-nos o Pai? Não crês que eu estou no Pai e que o Pai está em mim? As palavras que vos digo, não as digo de mim mesmo, mas o Pai que permanece em mim, é quem faz as obras.

Você percebe o significado dessas palavras? *Se me conhecêsseis, também certamente conheceríeis meu Pai* (7) – indicando claramente a inseparabilidade da Trindade: o Pai-Mãe-Deus, e Cristo, o Filho. Um amigo nosso durante muito tempo ficou confuso a respeito da Trindade – qual aspecto era o amor e qual aspecto a sabedoria. Respondemos a ele que não tentasse separar um aspecto do outro. Trata-se de três aspectos em um e um em três. Os três são amor. Amor é sabedoria, sabedoria é amor; o amor e a sabedoria, juntos, são poder. A Trindade do Pai, Mãe, Filho é toda amor. Deus é amor. E a manifestação do amor na vida e trabalho de Seu Filho deve ensinar a você a natureza do Pai. *O Pai, que permanece em mim, é quem faz as obras* (10). É Deus, que está em mim (Jesus), quem faz as obras, quem cura, aquele que diz a verdade por parábolas e ensinamentos, e faz os milagres. Os três aspectos da Trindade, amor, sabedoria e poder, são manifestados por meio desse homem perfeito. Que divina herança a nossa! E como Jesus claramente aponta o caminho da vida com a vida dele – que deve ser a nossa vida, a única vida! A menos que essa vida seja obtida pela personalidade humana, a alma não pode viver.

Já dissemos que a psique humana não pode viver realmente sem a união com a vida do Cristo; isso nos leva novamente ao profundo mistério do casamento místico entre a psique humana e o espírito divino. Os santos e os sábios de todos os tempos têm se empenhado nesse casamento, nessa união, nesse aperfeiçoamento da psique, individualidade ou alma. Sem o espírito de Cristo, a alma não pode chegar à vida eterna. Contudo, esta é outra interpretação de como Cristo é o Salvador de toda a humanidade. Se o homem fosse suficientemente simples e humilde para aceitar essa verdade vital, ele obteria mais facilmente a felicidade e, em pouco tempo, a era dourada voltaria! *O Pai que está em mim é quem faz as obras* (10): Deus é o poder oculto, que executa as curas, os milagres – não a personalidade do Mestre Jesus, nem mesmo o Filho, mas Deus, a Santíssima Trindade, é quem faz as obras por meio do Filho. O Filho, no entanto, não pode ser separado de Deus, pois Deus está no Filho e o Filho está em Deus.

(14:11-16) *Crede-me que eu estou no Pai, e o Pai está em mim. Crede-o ao menos por causa destas obras. Em verdade, em verdade vos digo que aquele que crê em mim também fará as obras que eu faço e as fará maiores do que estas, porque eu vou para o Pai. Tudo o que pedirdes ao Pai em meu nome, eu o farei, para que o Pai seja glorificado no Filho. Se me pedirdes alguma coisa em meu nome, eu o farei. Se me amardes, guardareis os meus mandamentos. E eu rogarei ao Pai, e ele vos dará outro consolador para que fique eternamente convosco.*

Você consegue ver como é belo e maravilhoso esse ensinamento? "Ele vos dará outro consolador" que não dependerá da manifestação material de Jesus. O hábito divino, o Espírito Santo que entrará em seu ser mais íntimo e sua presença será eterna. Em certo sentido, esta é uma promessa para a alma do homem: a união de sua psique ou alma com o Espírito que dá a vida eterna. A vida eterna é algo que está além da sobrevivência da alma humana, um mistério sagrado realizado pelo casamento místico.

Tudo o que pedirdes em meu nome, eu o farei (13). As pessoas geralmente pensam que pedem em nome de Cristo; na realidade, elas pedem por si mesmas. Segundo a lei, se a alma pedir em nome de Cristo, em nome do amor, seguir-se-á uma manifestação de Cristo em sua vida. A dificuldade é que, em geral, nossas preces são egoístas. Devemos deixar o eu de lado quando orarmos, pois nossas preces só podem ser respondidas em nome de Cristo.

(14:17-31) *O Espírito da verdade, que o mundo não pode acolher, porque não o vê, nem o conhece; mas vós o conheceis, porque permanece convosco e estará em vós.*

Não vos deixarei órfãos. Eu virei a vós. Ainda um pouco, e o mundo não me verá mais. Mas vós me vereis, porque eu vivo, e vós vivereis. Nesse dia, compreendereis que eu estou em meu Pai e vós em mim e eu em vós. Aquele que tem os meus mandamentos e os observa, esse é que me ama; e quem me ama será amado por meu Pai, e eu o amarei e me manifestarei a ele.

Disse-lhe Judas, não o Iscariotes: Senhor, qual é a causa por que te hás de manifestar a nós e não ao mundo? Respondeu-lhe Jesus e disse-lhe: Se alguém me ama, guardará a minha palavra e meu Pai o amará, e viremos a ele e faremos nele morada.

O que não me ama, não guarda as minhas palavras. E a palavra que ouvis não é minha, mas do Pai que me enviou. Tenho-vos dito estas coisas estando convosco. Mas o Consolador, o Espírito Santo, que o Pai enviará em meu nome, este vos ensinará todas as coisas e vos fará recordar tudo o que vos tenho dito.

Deixo-vos a paz, dou-vos a minha paz; não vo-lo dou como o mundo a dá. Não se turbe o vosso coração, nem se atemorize. Ouvistes o que eu vos disse: Vou e retorno a vós. Se me amásseis, certamente haveríeis de folgar por eu ter dito: vou para o Pai, porque o Pai é maior do que eu.

Eu vo-lo disse agora antes que aconteça, para que, quando acontecer, acrediteis. Já não falarei muito convosco, porque se aproxima o príncipe deste mundo; contra mim, ele nada pode. Mas o mundo saberá que amo o Pai e que faço como o Pai me ordenou. Levantai-vos! Vamonos daqui.

Mais um ponto: *Se me amásseis, certamente havíeis de folgar por eu ter dito: vou para o Pai, porque o Pai é maior do que eu* (28). Aqui está a pedra preciosa do todo, pois ela expressa a essência do amor, da fraternidade. Para as pessoas terrenas amor normalmente significa desejo por algo, atração, vontade de possuir alguma coisa ou alguém. Os discípulos não queriam que Jesus fosse embora; queriam segurá-lo. Quantas pessoas atariam seus entes amados com correntes se pudessem, e como são poucos os que podem regozijar-se com a morte! Eles não conhecem o amor quando sentem a tristeza na hora em que a alma é libertada do cativeiro, da escuridão para a luz. Amor verdadeiro, fraternidade verdadeira, significa tornar-se parte da vida do irmão, sendo capaz de se alegrar com o outro, participar de suas tristezas e alegrias.

Que estas palavras possam confortá-lo e inspirá-lo quando o espírito de um ente querido receber o chamado para seguir em direção aos braços de Deus. Esqueça todos os desejos, anseios e dores egoístas e entre, em espírito, na morada que Cristo preparou para você e seu amado no céu.

Observe como o mundo é incapaz de compreender essa questão. O mundo significa esse mundo de materialismo, cobiça e egoísmo, que não conhece Cristo. Não há espaço para ele nesse lugar abarrotado e febril.

Então Jesus disse: *Porque vem o príncipe deste mundo* (30). Quem é esse príncipe? O príncipe deste mundo é a morte! A morte e a decomposição regem o mundo da matéria. Mas o Mestre diz que não há nada dele que a morte possa reivindicar. Aqui está um interessante ponto que suscita uma grande questão, pois o corpo de Jesus desapareceu. Embora muitas sugestões tenham sido feitas sobre o que aconteceu com ele, nunca houve uma resposta. Alguns dizem que o corpo de Jesus foi elevado ao céu; mas o que aconteceu com seus átomos físicos? Pelas palavras do Mestre, parece que nenhum átomo físico iria permanecer, eles seriam transmutados em átomos espirituais. Se assim aconteceu, então o príncipe deste mundo não poderia reivindicar a forma purificada e perfeita do Mestre que foi elevada para reinos superiores. Seus átomos físicos não poderiam decompor-se – eles foram espiritualizados.

15

"Permanecei no Meu Amor"

Irmão, o templo da verdade está no mais íntimo do seu ser. Para encontrar a verdade, você precisa deixar de fora todas as inquietações terrenas, todos os pensamentos materiais e reverentemente entrar na paz, na doçura, na pureza da corte interior, do templo dentro de si mesmo. Aí serão revelados os mistérios que existiram em todos os tempos. Aí você encontrará a chave de todos os mistérios. Não há outro caminho para a verdade. Você pode entrar em qualquer templo ou loja maçônica, passar pelos rituais e cerimônias e não sentir-se nem um pouco espiritualmente melhor, a menos que a graça celestial desça sobre você durante essa cerimônia e se estabeleça na loja interior do seu ser. Mas perceberemos melhor essa verdade ao ouvirmos as palavras do nosso amado mestre.

(15:1-27) *Eu sou a verdadeira videira e meu Pai é o lavrador. Todo o ramo em mim que não dá fruto, ele corta; e todo o que der fruto, podá-lo-á, para que dê mais fruto.*

Vós já estais puros em virtude da palavra que vos tenho falado. Permanecei em mim e eu em vós. Como o ramo de si mesmo não pode dar fruto, se não estiver na videira, assim também vós, se não permanecerdes em mim. Eu sou a videira e vós os ramos. O que permanece em mim, e eu nele, esse produz muito fruto; porque sem mim nada podeis fazer.

Se alguém não permanece em mim, será lançado fora, como o ramo, e seca; tais ramos são recolhidos, lançados ao fogo e se queimam. Se permanecerdes em mim, e as minhas palavras permanecerem em vós, pedireis tudo o que quiserdes, e vos será concedido.

Nisto meu Pai é glorificado, quando produzis muito fruto; e vos tornais meus discípulos. Como o Pai me amou, assim eu vos amei. Permanecei no meu amor. Se observardes os meus mandamentos, permanecereis no meu amor, como eu observei os preceitos de meu Pai e permaneço no seu amor. Tenho-vos dito estas coisas para que a minha alegria esteja em vós e para que a vossa alegria seja completa.

Este é o meu mandamento: que vos ameis uns aos outros como eu vos amei. Não há maior amor do que este, dar alguém a própria vida pelos seus amigos. Vós sois meus amigos, se praticais o que eu vos ordeno. Não mais vos chamarei de servos, porque o servo não sabe o que faz o seu senhor; mas tenho-vos chamado de amigos, porque vos dei a conhecer tudo o que ouvi do meu Pai. Não fostes vós que me escolhestes, mas fui eu que vos escolhi a vós, e vos designei para que vades e deis fruto, e para que o vosso fruto permaneça, a fim de que tudo quanto pedirdes ao Pai em meu nome, ele vo-lo conceda. Isto vos ordeno: que vos ameis uns aos outros.

Se o mundo vos odeia, sabei que, primeiro do que a vós, me odiou a mim. Se fôsseis do mundo, o mundo amaria o que era seu; mas, porque não sois do mundo, e minha escolha vos separou do mundo, por isso é que o mundo vos odeia. Lembrai-vos da palavra que eu vos disse: Não é o servo maior do que o seu senhor. Se eles me perseguiram a mim, também vos perseguirão; se guardaram a minha palavra, também guardarão a vossa. Mas tudo isto eles farão contra vós por causa do meu nome, porque não conhecem aquele que me enviou.

Se eu não tivesse vindo e não lhes tivesse falado, não teriam pecado, mas agora não têm escusa para o seu pecado. Aquele que me odeia, odeia também a meu Pai. Se eu não tivesse feito as obras que nenhum outro fez, não teriam pecado; mas eles viram e nos odeiam, a mim e a meu Pai.

Mas isto aconteceu para que se cumpra a palavra que está escrita na sua Lei: Odiaram-me sem motivo. Quando, porém, vier o Consolador, que vos hei de enviar da parte do Pai, o Espírito da verdade, que procede do Pai, ele dará testemunho de mim. E vós também dareis testemunho, porque estais comigo desde o princípio.

De todos os capítulos do evangelho, este é o que parece resumir melhor o significado dos ensinamentos de Cristo. *Eu sou a verdadeira videira* (1) significa o EU SOU chamado Cristo, não apenas o Cristo Cósmico, mas o que habita em cada coração, o EU SOU é esse amor divino que só fala de dentro do santuário mais íntimo do homem.

Essa vida de Cristo em você é uma semente do Cristo Cósmico, uma parte da verdadeira videira, e a essência da consciência e da vida humana. Quando o homem abre seu âmago para esse espírito de Cristo puro e manso, identifica-se com Cristo. Desse modo, sendo uma vara da verdadeira videira e vivendo a vida de Cristo, ele tem a necessidade de se identificar com todos os sentimentos, alegrias e tristezas de seus semelhantes.

O que isso significa para você pessoalmente? Significa que você deve participar de cada detalhe da vida do seu irmão. Sentir com ele; saber o que está acontecendo com ele, e pensar: "Como posso auxiliá-lo a conduzir seu destino?" Sentir, viver, amar com seu vizinho. Não apenas considerá-lo como algo abstrato exterior a você, e sim como um ser vivo que faz parte de você. Tente identificar-se com ele, com o Cristo, com o espírito de Deus dentro dele. Vibre com as suas alegrias, compreenda as suas tristezas. Fale ao coração dele; seja gentil, amoroso, simpático. Deixe que seu coração o conduza. Uma palavra ou sentimento gentil pode fazer milagres. Viva, inspire e sirva seu irmão com o espírito da verdadeira fraternidade que é sobretudo uma percepção da redenção do espírito, da harmonia da vida.

Isso não significa viver como um asceta, pois se você viver de maneira altruísta como um verdadeiro filho de Deus, viverá pleno de alegria. Não é uma questão de usar roupas bem sóbrias e pensar que é mais sábio e evoluído que os outros. É uma questão de se reconciliar diretamente com as coisas e sentimentos básicos de seus companheiros em vez de se ocultar no estéril círculo de interesses pessoais, abrindo suas janelas e olhando para o mundo com o coração repleto de simpatia e amor. Exteriormente seja calmo, atencioso e compreensivo; interiormente deixe que a luz brilhe de modo a fazer com que a razão por trás de cada ato e impulso seja pura, sábia e amorosa.

Imediatamente o espírito do homem sai em adoração a Deus, seu coração contata sutilmente toda a criação, em particular a criação humana.

Ele compreende num vislumbre sua reconciliação com Deus. Sabe que se Deus está nele, está também em seu companheiro. Se o homem encontra Deus em sua alma, ele sabe, sem que lhe digam, que seu companheiro foi criado do mesmo modo que ele e compartilha da mesma luz sagrada. Mesmo que ela não se manifeste, continua presente, esperando. E o homem sabe que dando amor a seu vizinho ele não o está apenas auxiliando a lidar com os problemas práticos da vida cotidiana, mas está também despertando a consciência eterna de Deus dentro dele.

Este é o significado da verdadeira videira: o homem faz parte do corpo total de Cristo.

O objetivo de todo candidato aos mistérios é tornar-se preciso e perfeito na vida diária e em todos os relacionamentos humanos. Quando você atingir isso não precisará vir a nós outra vez a não ser para conversar sobre os velhos tempos! Você mesmo será a luz, o perfeito irmão branco.

Todo ramo em mim que não produz fruto, ele o corta; e todo o que produz fruto, ele o poda, para que produza mais fruto ainda (2). Deus poda a videira. Querido irmão, você não sabe que todos esses males que você sofre, os desapontamentos, as doenças, os julgamentos errôneos, aflições e dores – tudo isso é o trabalho do podador sábio, desse jardineiro que vem podar a videira, removendo os ramos indesejáveis para fortalecer a árvore. Há condições às quais você se apegaria se pudesse, mas o podador sábio, o jardineiro sabe que a árvore precisa crescer vigorosa e forte; assim ele vem e corta aquilo a que você se apegaria. Nós do mundo espiritual diríamos: "Não se apegue a nenhuma condição exterior." Isso se aplica até mesmo à morte de um ente querido. Você reclama: "Por que, oh, por que tenho de sofrer essa solidão, essa terrível perda?" É claro, meu querido, que isso parece muito doloroso quando se está apegado ao estado material e físico. Mas logo que reagir à influência desse glorioso mundo de luz, de tranqüilidade e felicidade, você é confortado, curado. Então você sabe que tudo é bom, que está crescendo em espírito, em direção à consciência da vida eterna e infinita, da não-separação.

Se alguém não permanece em mim, é lançado fora, como o ramo, e seca; tais ramos são recolhidos, lançados ao fogo e se queimam (6). Embora vivendo no corpo, você está construindo a psique ou alma com suas emoções, boas ou não. Há vezes em que você se sente como um rejeitado – isto é, é assaltado por pensamentos de medo, raiva, depressão, ansiedade. Parece-lhe estar nas trevas. Enquanto essas emoções dominam, você é cortado da verdadeira videira, da fonte da vida e do fortalecimento. Essa separação não se manifesta apenas na psique mas também no corpo físico, pois quando a alma se entrega a emoções violentas, o eu verdadeiro fica separado da psique dessa encarnação. Não vamos nos aprofundar muito a esse respeito, pois não queremos perturbá-lo, mas quando a psique do homem fica separada da videira por vibrações dissonantes, emoções e doenças, a psique dessa encarnação pode ser lançada fora, secar, morrer e ser consumida pelo fogo. Não estamos falando do fogo do inferno, apenas de como a lei cósmica opera. Na verdade, muito poucas pessoas descem tanto a ponto de sua psique ser destruída; mas isso pode acontecer. Quando falamos da psique, nos referimos neste momento apenas à personalidade que está sendo construída pela alma no céu e que só pode ser dotada com a vida eterna pelo Cristo interior. Não estamos falando do espírito. Sem Cristo, a psique humana morre; com Cristo ela é elevada à vida eterna.

Se permanecerdes em mim e as minhas palavras permanecerem em vós, pedi tudo o que quiserdes e ser-vos-á concedido (7). Às vezes, as pessoas dizem: "Minhas preces nunca são respondidas, por isso não orarei mais." Contudo o Mestre, o Cristo, afirma claramente: *Tudo o que pedirdes a meu Pai em meu nome, ele vo-lo concederá* (16). Estas palavras contêm o segredo da prece e da cura verdadeira. Certa vez, uma mulher que ouviu dizer que a fé remove montanhas, orou para que a montanha diante da janela dela fosse removida. De manhã, quando viu que a montanha continuava ali, exclamou: "Foi o que pensei!" Essa história define habilmente a atitude de muitas pessoas em relação à prece. Elas oram sem acreditar. Não queremos dizer que se você orar com fé para que uma montanha que bloqueia a sua visão seja removida isso acontecerá automaticamente. Não basta acreditar fortemente; se fracassarmos em nos identificar com Cristo, continuaremos a ser egoístas, colocando nossa vontade própria antes da vontade de Deus. Uma prece assim jamais pode ser atendida, porque não está de acordo com a lei espiritual. Mas se, quando orarmos, nos identificarmos com a lei do amor, a lei de Deus, nossa prece será atendida, pois estaremos colocando a lei em ação. A prece deve ser altruísta e não arrogante ou intolerante. Ore: "Senhor, aceito Vossa vontade, sabendo que o que é bom será efetuado." Quando aceitamos as obras de Deus sem conflitos ou questionamentos, nos entregamos à lei do amor, a qual foi manifestada por Jesus Cristo. Como um exemplo dessa forma de orar vamos citar o incidente em que Jesus exterioriza toda sua tristeza no jardim de Getsêmani. Ele não exprimiu amargura ou condenação. Ele não mendigou ao Pai, pedindo-lhe isto ou aquilo. *Meu Pai, se é possível, passe de mim este cálice; todavia, não se faça como eu quero, mas como tu queres* (Mt. 26:39).

Qual é o resultado de uma prece como essa? Talvez não remova uma colina ou montanha, nem providencie a companhia ideal que você quer, nem lhe dê boas coisas materiais ou restaure a saúde que você gostaria de ter, mas certamente o elevará para mais perto do Mestre e enriquecerá sua alma com uma jóia do espírito. Aceite o cálice, sabendo que ele é enviado pela sabedoria de Deus e para bons propósitos.

Ao se ajoelhar para orar, seja física ou espiritualmente, você está realizando um ritual. Em primeiro lugar, os centros dos joelhos são afetados; o magnetismo é estimulado e flui pelo corpo, ajudando a abrir o *chakra*. Em segundo lugar, ajoelhar-se é um ato de humildade, de entrega.

Portanto, ajoelhe-se para orar, preparando-se tanto espiritual como fisicamente para receber a bênção que pode vir quando tiver aprendido a entregar tudo a Deus, dizendo: "Seja feita a Tua vontade, ó Senhor." Você percebe a diferença entre isso e exigir de Deus: "Eu quero isso"? "Faça isso para mim, ó Senhor!" "Quero que suavize o coração daquela pessoa!" Numa prece assim a pessoa está sendo egoísta: "Eu quero, eu quero, dê-me, dê-me." *Pedireis tudo o que quiserdes e ser-vos-á concedido* (7). É verdade que quando você sinceramente coloca em ação certas forças, elas podem de fato direcionar as coisas para você. Portanto, um homem tem de aprender a ser muito cuidadoso quando orar. Sim, "peça e lhe será dado" – mas primeiro coloque-se numa atitude verdadeira de coração e mente. Quando a alma pode realmente pedir, não apenas para si mesma, mas para que a vontade de Deus seja feita na Terra, na sua vida, ela não ora por si mesma, mas pelo bem e pela bênção de toda a humanidade.

Esse pedido verdadeiro forma um contato direto, forte, claro, com a fonte de todo o bem. Os que estão acostumados a meditar sabem que, num determinado ponto da meditação, eles podem tocar essa fonte, esse centro, um símbolo muito antigo que é o ponto dentro do círculo, o símbolo do Sol (ou do Filho, do Cristo, do Filho de Deus). Quando você realmente ora, toca esse centro eterno, simbolizado pelo ponto dentro do círculo. Quando você consegue esse contato verdadeiro ele se mostra muito poderoso e seu efeito recai sobre você mesmo e sobre os que estão ao seu redor. Você pediu pelo amor divino e ele está sendo dado, pois você pediu de modo correto.

Há uma vida exterior, do mundo, e uma vida interior, do espírito. Quando você pede no plano interior, recebe plenamente, e todas as suas necessidades são atendidas, embora algumas vezes não do modo como você queria e pensava que seria atendido. É preciso treinar a si mesmo para buscar apenas pelo cumprimento da vontade de Deus, sabendo que Deus é todo sabedoria e amor, e que ele atenderá sua prece do modo mais verdadeiro e sutil.

Estando preparado para aceitar, para aceitar de acordo com o amor divino, não precisará duvidar nem por um instante. Peça dentro do espírito correto e a bênção certamente virá. Desse modo, a humanidade estará se elevando para esse estado de mente e espírito onde ela conhecerá a reconciliação com o amor infinito, com o Cristo Cósmico.

Como o Pai me amou, assim eu vos amei. Permanecei no meu amor. Se observardes os meus mandamentos, permanecereis no meu amor, como eu observei os preceitos de meu Pai e permaneço no seu amor. Tenho-vos dito estas coisas para que a minha alegria esteja em vós e para que a vossa alegria seja completa. Este é o meu mandamento: que vos ameis uns aos outros como eu vos amei. Não há maior amor do que este: dar alguém a vida pelos seus amigos. Vós sois meus amigos se praticais o que eu vos ordeno. Não mais vos chamarei de servos, porque o servo não sabe o que faz o seu senhor; mas tenho-vos chamado de amigos, porque vos dei a conhecer tudo o que ouvi de meu Pai (9-15). Aqui, Cristo está se identificando com a humanidade. *Não mais vos chamarei de servos... tenho vos chamado de amigos.* Não é um belo versículo? Cristo está elevando a humanidade até ele. Lembre-se de que ele disse: *E eu, quando for levantado da Terra, atrairei todos os homens a mim*

(12:32). Assim como o homem eleva Cristo nele mesmo, do mesmo modo Cristo eleva todos os homens. Todo este evangelho está tentando revelar o significado da identificação do homem com o Cristo. Cristo aqui se identifica com o homem. Do mesmo modo, o homem deve identificar-se com seu semelhante. À medida que ele faz isso, vemos o espírito de gentileza, de fraternidade e amor enriquecendo toda a humanidade.

Por que a voz do amor fala de um modo tão autoritário, dizendo: "Meu mandamento"? Você pode dizer que o amor não é mandado; mas, veja, o Cristo em você pode comandar e comanda quando é elevado. Ele manda amar. Em outras palavras, Cristo é o mestre, o EU SOU na alma. O verdadeiro EU SOU manda todo o bem, toda a saúde, toda a harmonia. Ele mantém o controle de todos os veículos – físico, astral, mental, celestial. Cristo governa todos esses corpos do homem porque ele é supremo. O Cristo dentro do homem surge em majestade, reivindicando sua Filiação de Deus, seu criador. *Não fostes vós que me escolhestes, mas fui eu que vos escolhi a vós* (16). Eu que o escolhi, que o destinei, dando-lhe o poder e a luz que podem dar muitos frutos. Que maravilhosa é a sua herança!

Não fostes vós que me escolhestes, mas fui eu que vos escolhi a vós, e vos designei para que vades e deis fruto, e para que o vosso fruto permaneça, a fim de que quando pedirdes ao meu Pai em meu nome, vo-lo conceda. Isto vos ordeno: que vos ameis uns aos outros. Se o mundo vos odeia, sabei que, primeiro do que a vós, me odiou a mim. Se fôsseis do mundo, o mundo amaria o que era seu; mas porque não sois do mundo, e minha escolha vos separou do mundo, por isso é que o mundo vos odeia. Lembrai-vos da palavra que eu vos disse: Não é o servo maior do que o seu senhor. Se eles me perseguiram a mim, também vos perseguirão; se guardaram a minha palavra, também guardarão a vossa. Mas tudo isso eles farão contra vós por causa do meu nome, porque não conhecem aquele que enviou. Se eu não tivesse vindo e não lhes tivesse falado, não teriam pecado, mas agora não têm escusa para o seu pecado (16-22). Se eu não lhes tivesse dado a luz, se eu não lhes tivesse falado, eles não teriam pecado, pois não teriam conhecido. Quando o conhecimento vem, então há pecado; quando há ignorância, não há pecado. Contudo, essa mesma força vital corre por toda a humanidade e alcança todo o mundo

– esse amor maravilhoso, essa harmonia, essa unidade torna uma alma dependente das demais. Portanto, devemos ver uma imensa fraternidade de vida, crescendo do mesmo tronco, da verdadeira videira, alimentada e irrigada pela mesma fonte de vida.

16

A Vida Eterna

Existe alguma confusão a respeito do que queremos dizer por espírito, pois a palavra pode ter mais do que uma interpretação. Quando falamos do espírito, não estamos nos referindo à força vital que anima o corpo físico. Ela não é a vida do espírito, pertence ao mundo físico. A vida eterna não é deste mundo. *Porque se aproxima o príncipe deste mundo; contra mim, ele nada pode* (14:30). O regente do aspecto físico da vida nada tem em comum com a essência divina no homem que é o espírito puro. Quando a força vital física se afasta, o corpo morre; mas quando o espírito puro, o amor, a essência divina, se afasta, acontece uma espécie de morte que opera tanto no plano psíquico como no físico.

Ao analisar este décimo sexto capítulo, devemos ter em mente, de modo claro, o significado do espírito puro, da essência divina; quando ele se retira, tudo o que permanece está morto. O "renascimento" geralmente é interpretado como reencarnação; mas pode haver também um renascimento da alma no plano de espírito puro: *Aquele que não nasceu de novo* (3:3). Jesus disse que esse renascimento só poderia acontecer a seus discípulos com a sua retirada do meio deles.

Vamos considerar o que acontece quando duas pessoas são separadas pela morte. Uma continua viva neste mundo; a alma da outra vai embora. Às vezes, uma experiência maravilhosa acontece com a pessoa que foi deixada, pois sua alma pode elevar-se na consciência ao plano da vida espiritual onde o ente amado reside agora. Talvez você já tenha experimentado essa comunhão verdadeira pela reconciliação ou sintonia espiritual. Ou talvez no silêncio da meditação você tenha tocado por um momento (não se pode manter isso por muito tempo) o cósmico ou a consciência de Cristo e se conscientizado do plano do espírito puro. Quem experimentou isso jamais esquece.

Jesus tinha isso em mente quando falou a seus discípulos sobre a necessidade de sua partida para que eles pudessem receber o Espírito da verdade, o Confortador. Ele sabia que eles estavam apegados à sua presença corporal, e que enquanto perdurasse essa situação, não poderiam experimentar esse renascimento na consciência cósmica ou de Cristo, essa renovação espiritual que só poderia vir a eles com sua retirada.

Jesus freqüentemente falava com seus discípulos, pois alguns deles estavam a seu lado há bastante tempo; ele sabia que muito do que dizia só era entendido por eles intelectualmente. Contudo, isso se tornou parte deles. Há uma grande diferença entre conhecer as coisas apenas com a mente e conhecê-las com a profunda compreensão do coração, ou, em outras palavras, acolher na alma o sopro divino que é amor puro e sabedoria. O espírito da verdade, sendo ele mesmo o Confortador, não pode ser recebido ou acolhido pela alma antes que ela tenha aprendido a corresponder ao ímpeto de um amor tão forte que a alma só pode dar e dar espontaneamente. Os santos não viveram assim, sem pensar por eles mesmos? A retribuição de amor verdadeiro é a dádiva desse espírito de verdade que traz a vida, não a morte, e traz poder também.

Você deve reconhecer agora como foi preciso que Jesus se retirasse para que esse grande amor que ele inspirou nos discípulos os elevasse até ele, até a consciência cósmica, induzindo-os a amar e dar ao mundo o que haviam recebido. Mas o ímpeto para auxiliar a humanidade não despertaria enquanto Jesus estivesse com eles. Ele tinha de ir embora para que eles pudessem receber o espírito e manifestar seu poder.

No corpo físico, é natural pensar, mesmo de modo inconsciente, que as coisas corporais são as mais importantes; até mesmo aqueles que sabem algo a respeito do espírito também tendem a colocar as coisas do mundo em primeiro lugar. De certa forma, eles estão certos: a vida física é importante pois só a experiência na Terra pode vivificar o sopro da vida na alma. O ideal é corrigir nossa perspectiva, compreender que a vida física é apenas uma parte da vida, não o todo. Além disso, a vida física não é eterna. O corpo morre, mas o espírito divino pode impregnar a alma – a alma que o homem cria para si mesmo a partir da natureza de sua vontade. Desse modo ele vive eternamente.

A finalidade de sua vida é aprender a viver no espírito, para que o sopro divino ou espírito possa viver em você, na matéria; é subir no arco da vida e, desse modo, obter uma alma individualizada, que cresça pura e eterna e entre no reino dos céus como uma alma viva.

O que Jesus quis dizer quando disse a seus discípulos: *Para onde eu vou não podes agora seguir-me* (13:36)? Aqueles que acreditam simplesmente na vida após a morte ficam perplexos, pois ele se referia ao mundo espiritual e eles sabem que no devido tempo todos devem segui-lo. É bom lembrar, porém, que ele podia ver na mente de seus discípulos e sabia que muitos de seus ensinamentos só eram entendidos intelectualmente. Portanto, ele sabia que, a menos que algo acontecesse para despertá-los para a realidade do espírito puro, eles não poderiam segui-lo para onde ele ia. Ele estava prestes a retornar ao plano do espírito, a seu Pai; eles ainda não estavam vestidos para encontrar a noiva celestial.

O mesmo significado é encontrado na parábola do convidado que não estava vestido adequadamente para a festa de casamento. Essa vestimenta simboliza a alma impregnada pela vida, pelo amor e pela verdade do espírito puro. Um espírito assim veste uma roupa de luzes cintilantes, e ela é seu traje de casamento. Conhecer a verdade espiritual intelectualmente é uma coisa; outra muito diferente é estar revestido pela verdade espiritual de modo que todo pensamento, palavra e ação sejam uma expressão espontânea do amor e da luz divina.

Pode-se protestar que não é possível viver assim na Terra. Conhecemos as dificuldades; mas estamos certos de que um esforço deve ser feito. Você precisa continuar tentando, e manter-se firme em seu esforço, compreendendo que se puder expressar por um único momento esse amor espontâneo, terá dado um importante passo adiante.

Você encontrará essa verdade repetida várias vezes no Evangelho de São João, nas afirmações: *Eu sou a verdadeira videira* (15:1); *Eu e meu Pai somos um* (10:30). O homem precisa saber de onde ele veio e para onde vai antes de poder encontrar qualquer sentido na vida. Do contrário, ele deriva como um navio sem leme. Quando o homem reconhece seu capitão, o capitão que comanda, uma verdadeira alegria substitui as tristezas. A alma pode, afinal, compreender que, para ser criada e desenvolver-se sob nova forma, ela tem de passar por determinadas experiências que lhe trarão alguns dos elementos mais sutis do céu para serem estabelecidos eternamente no corpo da alma. A tristeza pode fazer isso, e a alegria também.

(16:1-9) *Tenho-vos dito estas coisas para que vos não escandalizeis. Lançar-vos-ão fora das sinagogas, e chegará mesmo a hora em que todo o que vos matar julgará realizar um ato de culto a Deus. E isso vos farão pois não conheceram o Pai nem a mim. Ora, tenho-vos dito estas coisas para que, quando chegar a hora, vos lembreis de que já vo-las havia dito. Não vos disse isso, porém, desde o começo, porque estava convosco. Agora, porém, vou para aquele que me enviou; e nenhum de vós me pergunta: Para onde vais? Mas, porque eu vos tenho dito estas coisas, a tristeza encheu o vosso coração. Mas eu vos digo a verdade: A vós convém que eu vá, pois, se eu não for, não virá a vós o Consolador; mas se eu for, enviá-lo-ei a vós. Ele, quando vier, convencerá o mundo a respeito do pecado, da justiça e do julgamento. Quanto ao pecado, porque não crêem em mim.*

Quando a verdade chega ao coração do homem, ele passa a enxergar com olhos muito diferentes. Sua avaliação muda. Ele se torna capaz de discernir as coisas do espírito. Quando o espírito da verdade acorda num homem, ele passa a ver, sob a superfície das coisas, a realidade dentro da aparência exterior e não tem mais necessidade do julgamento do mundo para guiá-lo.

(16:10-11) *Quanto à justiça, porque vou para o Pai e não me vereis mais; e quanto ao julgamento, porque o príncipe deste mundo já está julgado.*

Quando o espírito da verdade vem, o mundo é imediatamente julgado, pois a alma pode discernir então o real do irreal, o falso do verdadeiro.

(16:12-13) *Tenho ainda muitas coisas que vos dizer, mas não podeis suportar agora. Quando vier, porém, o Espírito da verdade, ele vos guiará em toda a verdade, porque não falará de si mesmo, mas dirá tudo o que tiver ouvido, e vos anunciará as coisas que hão de vir.*

Há coisas que não posso lhe dizer pois você não está preparado. Algo tem de ser experimentado antes que a alma se abra para receber a verdade – talvez uma grande tristeza ou alegria precise ser vivenciada. Algo tem de quebrar a casca, ou romper a crosta.

(16:14-18) *Ele me glorificará, porque receberá do que é meu, e vo-lo anunciará. Tudo o que o Pai tem, é meu. Por isso eu vos disse que ele receberá do que é meu e vo-lo há de anunciar. Um pouco de tempo, e não me vereis; e outra vez um pouco e ver-me-eis; porquanto vou para o Pai.*

Disseram então entre si alguns dos seus discípulos: Que é isto que ele nos diz: Um pouco e já não me vereis, e outra vez um pouco e ver-me-eis? E: porquanto vou para o Pai? Diziam pois: Que quer dizer isto que ele diz: Um pouco? Não sabemos o que quer dizer.

Os discípulos ainda não tinham recebido o espírito da verdade ou da compreensão. Portanto, Jesus disse: *Um pouco, e já não me vereis* (16), pois eles passariam então por um período de trevas. Depois, quando tivessem adquirido experiência (e isto se aplica a todo o mundo), despertariam e estariam prontos para seguir o caminho de Cristo. É um estágio de desenvolvimento da alma do homem.

(16:19-22) *Jesus compreendeu que queriam interrogá-lo e disse-lhes: Vós vos perguntais uns aos outros acerca disto que eu disse: Um pouco e não me vereis, e outra vez um pouco e ver-me-eis? Em verdade, em verdade vos digo que vós haveis de chorar e gemer, mas o mundo se há de alegrar, e vós estareis tristes; mas a vossa tristeza se converterá em alegria. A mulher, quando está para dar à luz, sente tristeza, porque é chegada a sua hora; mas, depois que deu à luz a criança, já se não lembra da aflição, pelo prazer de haver nascido um homem no mundo. Vós também agora estais tristes, mas hei de ver-vos de novo, e o vosso coração se alegrará, e ninguém vos tirará a vossa alegria.*

Você passa por sofrimentos, que sente que nunca acabarão; é como sofrer as dores do parto, só que o resultado de suas dores manifesta-se como uma nova e mais profunda compreensão, uma grande alegria.

(16:23) *Nesse dia, nada me perguntareis. Em verdade, em verdade vos digo que, se pedirdes a meu Pai alguma coisa em meu nome, ele vo-la dará.*

Então não haverá nada para ser pedido. A alma do discípulo nesse dia ficará completa, conhecerá a verdade. Possuindo toda a verdade dentro de si, ela não precisará buscar mais nada.

(16:24-33) *Até agora não pedistes nada no meu nome; pedi e recebereis, para que a vossa alegria seja perfeita. Eu disse-vos estas coisas por parábolas. Mas chega a hora em que não vos falarei mais por parábolas, mas claramente vos falarei do Pai. Nesse dia, pedireis em meu nome e não vos digo que hei de rogar ao Pai por vós, porque o mesmo Pai vos ama, porque me amastes e crestes que eu vim de Deus. Saí do Pai e vim ao mundo; outra vez deixo o mundo e vou para o Pai.*

Disseram-lhe os seus discípulos: Eis que agora falas claramente, sem parábolas. Agora conhecemos que sabes tudo e que não tens necessidade que alguém te interrogue. Por isso cremos que saíste de Deus.

Respondeu-lhes Jesus: Credes agora? Eis que chega a hora, e já se aproxima, em que vos dispersareis, cada um para o seu lado e me deixareis sozinho. Mas eu não estou só, porque o Pai está comigo. Disse-vos essas coisas para que tenhais paz em mim. No mundo tereis tribulações, mas tende coragem: eu venci o mundo!

A alma nascida do Cristo ingressa numa paz além de qualquer compreensão, numa verdade além de todos os assuntos mundanos. Jesus estava ensinando seus discípulos a encontrarem essa paz, essa verdade e essa vida. Portanto, ela pode acontecer para você também. Aqueles que realmente viram e entraram no reino só conhecem a paz. Nada pode perturbá-los – nenhum medo, nenhuma tribulação. A alma que conhece habita no Cristo e no Pai, e desfruta da paz de uma alma renascida para a vida do espírito divino.

Este capítulo descreve o caminho do neófito e indica o significado da alma iniciada no estado de Cristo. Descreve as experiências que toda alma deve sofrer antes de passar pelas portas da iniciação. Enfatiza a importância da vida real do espírito em oposição à insignificância da existência material. Ele também guia o discípulo na interpretação de cada experiência e cada ato em termos do espírito. O discípulo deve sempre buscar um significado interior, uma vida dentro de outra forma; sim, até mesmo no alimento que come, na roupa que veste e nas coisas triviais do dia-a-dia. Por trás e por dentro de tudo está o espírito. Não deixe de lado o exterior, a vida física, pois ela se torna mais importante e toma seu lugar verdadeiro, ao viver com compreensão os valores espirituais. Tudo o que você faz no mundo exterior deve ser uma manifestação ou expressão do espírito.

Nos empenhamos a dar um esboço do significado interior deste capítulo. As verdades ensinadas tempos atrás por Jesus e tão belamente registradas por São João continuam esperando para serem compreendidas e vividas, como nunca foram vividas e compreendidas antes, a não ser pelos santos, e até mesmo alguns deles foram limitados pelo tempo em que viveram. Agora estamos entrando numa nova era, na qual os ensinamentos de São João serão a base de uma nova igreja, mas não uma igreja igual à de hoje. A igreja de São João será construída na vida, no coração, na alma dos homens. O homem aprenderá a adorar em seu próprio templo, no lugar sagrado de seu coração. Ele não viverá apenas pelos valores físicos, mas pela luz de seu espírito, que lhe mostrará como se comportar com seus companheiros. Não haverá necessidade então de legislação social. A base da igreja de São João será o espírito puro, pois o templo se elevará da bondade da vida dos homens. Haverá na Terra uma fraternidade perfeita. Então os homens não adorarão mais o espírito da cobiça. O príncipe deste mundo recuará diante do espírito de amor e fraternidade.

17

"Glorifica-me"

Tentamos exprimir na linguagem terrena um amor divino que está além de qualquer linguagem verbal. Pedimos a você que abra seu coração e ouça a voz silenciosa da verdade interior. Queremos elevá-lo às esferas celestiais da vida de modo que possa ver a companhia ao seu redor. Imagine (se quiser usar essa palavra tão malcompreendida) que você está longe da Terra, num templo grandioso, imenso, alto e brilhante, com luzes espirituais dando a impressão de ouro puro. Veja os irmãos vestidos de branco – com belas formas e rostos. Ao olhar para o rosto de cada irmão, você sabe que ele é totalmente bom, amoroso, verdadeiro e poderoso – cada rosto iluminado pela luz do espírito da bondade, de Deus. Esses são os seus irmãos, seus guias, seus inspiradores.

Todavia, o homem se afasta dessa companhia para o tumulto e a discórdia da Terra, uma Terra que deveria ser bela mas que tem sido profanada pela paixão e egoísmo humano. Você quer saber por que nós da irmandade voltamos à Terra, nos esforçando para tornar mais tênue o véu entre o mundo do espírito e o da matéria? É porque vimos e sabemos o que espera pelos filhos de Deus se eles voltarem suas faces para a luz!

Isso necessita mais do que uma compreensão intelectual, embora o intelecto possa ser usado pelo espírito para auxiliar o homem a compreender as verdades do eterno. Mas a alma humana simples, o coração amoroso pode entender melhor a verdade; pode elevar-se mais facilmente nas asas da luz, além da Terra sombreada para as alturas onde esses templos de irmãos de luz são construídos da substância da vida etérica. O olho físico não pode ver; mas quando a visão é verdadeira e certa, todos os homens vêem as glórias que Deus preparou para aqueles que O amam, para toda alma que vive em harmonia, quieta e tranqüilamente, em paz e boa vontade com os outros. A mensagem que vem a seguir é para esses, que pela própria vontade conseguem obter a bela visão; é para esses que vivem amorosamente para ensinar os que ainda dormem – assim como os anjos certa vez acordaram o pastor sonolento – para ver a glória nos céus. Essa mesma glória é a que o amado mestre estava prestes a atingir quando explicou que ia para Seu Pai no céu, e quando disse: *E eu, quando for levantado da terra, atrairei todos os homens a mim* (12:32).

Ele falou convincentemente a respeito da necessidade de deixar a Terra para poder, de fato, libertar seus irmãos, pois enquanto estivesse no meio deles eles continuariam apegados. Só afastando-se para a luz ele poderia levantar os que dormiam – só desse modo eles poderiam aprender sobre a irmandade do espírito.

Tocamos nesse assunto porque esperamos dar uma rápida idéia da verdade que pode vivificar sua compreensão a tempo. Nos céus estão o que se pode chamar de "templos de iniciação", mas que de um modo mais acurado são planos ou níveis superiores de conhecimento e verdade que a alma encarnada do homem às vezes é capaz de alcançar. Já falamos disso antes. Quando a alma passa por alguma experiência emocional profunda, quando ela é chamada para encarar maiores dificuldades e problemas, às vezes ela pede auxílio a Deus; então um mensageiro, um irmão de luz do templo superior, vem até a alma do homem ou mulher que chamou a Deus; e esse mensageiro puxa o suplicante para sua aura e eleva-o, de modo que quase inconscientemente sua alma é erguida da escuridão, do medo, das tristezas e sofrimentos. Uma profunda calma interior advém. A alma passou por uma cerimônia, um ritual, uma experiência espiritual profunda numa loja superior. Ao retornar, ela traz mais conhecimento, uma jóia da luz espiritual.

Você pode considerar seu vizinho como uma pessoa bastante comum. Mas nós garantimos que todo homem e mulher, até mesmo o menor deles, tem uma faceta que o mundo não pode ver; e geralmente esse outro eu está revestido com um traje brilhante e usa uma jóia no peito. Quem ousa julgar a alma de qualquer ser pela avaliação terrena?

O que impulsiona então, o que faz com que a alma anseie pela jornada ascendente, mesmo quando continua aprisionada na carne? É a chama interior de Cristo... algo indescritível que Cristo transferiu para o homem. Quando falamos de Cristo, lembre-se de que não estamos falando apenas de Jesus Cristo. Se assim fosse, o que seria dos milhões que viveram antes de Jesus nascer? Por Cristo queremos dizer o espírito de amor, verdade e poder que reside no coração, no centro de todo homem. Só esse espírito ou essa luz interior pode elevá-lo para o templo superior e assim expandir a consciência que você pode ver numa luz clara, pura. Isso só acontece quando você permite que o Cristo interior o eleve para os planos celestiais.

Voltaremos agora para o que São João diz a respeito da ida do espírito de Cristo que falou pela alma ou personalidade de Jesus. Pense a respeito do que estivemos dizendo ao ler estas palavras.

(17:1-26) *Assim falou Jesus, e, levantando os olhos ao céu, disse: Pai, é chegada a hora, glorifica o teu Filho, para que também o teu Filho te glorifique; e, pelo poder sobre toda a carne, ele dê a vida eterna a todos quantos lhe deste. Ora, a vida eterna é esta: que eles te conheçam a ti como único Deus verdadeiro, e a Jesus Cristo, a quem enviaste. Eu te glorifiquei sobre a terra; concluí a obra que me deste a fazer. Agora, Pai, glorifica-me junto de ti, com a glória que tinha contigo, antes que existisse o mundo.*

Manifestei o teu nome aos homens que do mundo me deste; eles eram teus e tu mos deste e eles guardaram a tua palavra. Agora reconheceram que todas as coisas que me deste vêm de ti, porque lhes comuniquei as palavras que me confiaste; eles as acolheram e reconheceram verdadeiramente que eu saí de ti e creram que me enviaste.

É por eles que eu rogo; não rogo pelo mundo mas por aqueles que me deste, porque são teus; e tudo o que é teu é meu e tudo o que é meu é teu; e nisso sou glorificado. Já não estou mais no mundo, mas eles estão no mundo, e eu vou para ti.

Pai Santo, guarda em teu nome aqueles que me deste, para que sejam um como nós. Quando eu estava com eles no mundo, eu os guardava em teu nome. Conservei os que me deste; nenhum deles se perdeu, exceto o filho da perdição, para que se cumprisse a Escritura.

Mas agora vou para ti; e digo estas coisas no mundo, para que eles tenham em si mesmos a minha plena alegria. Dei-lhes a tua palavra, e o mundo os odiou, porque não são do mundo, como eu não sou do mundo. Não peço que os tires do mundo, mas que os guardes do mal. Eles não são do mundo, como eu também não sou do mundo.

Santifica-os na verdade. A tua palavra é a verdade.

Assim como tu me enviaste ao mundo, também eu os enviei ao mundo. E, por eles, eu me santifico a mim mesmo, para que também eles sejam santificados na verdade. Eu não rogo somente por estes, mas também por aqueles que hão de crer em mim por meio da sua palavra; para que todos sejam um, como tu, Pai, o és em mim, e eu em ti, para que também eles sejam um em nós, a fim de que o mundo creia que tu me enviaste. E eu lhes dei a glória que a mim me deste, para que sejam um, como nós somos um. Eu neles, e tu em mim, para que sejam perfeitos na unidade, e para que o mundo reconheça que me enviaste e que os amaste, como tu me amaste.

Pai, quero que, onde eu estiver, estejam também comigo aqueles que me deste, para que contemplem a minha glória, a glória que me deste, porque me amaste antes da criação do mundo. Pai justo, o mundo não te conheceu, mas eu te conheci; e estes também conheceram que me enviaste. Eu lhes dei a conhecer o teu nome e lho darei a conhecer, a fim de que o amor com que me amaste esteja neles, e eu neles.

Repare na referência sobre Cristo e o Pai terem estado juntos antes que houvesse mundo. Isso indicaria que antes da humanidade surgir, esse espírito do Filho (ou do amor) coexistia com o Pai, formando a Santíssima Trindade do Pai, Mãe e Filho; e que o mundo e todas as criaturas que habitam a Terra surgiram da abençoada e santíssima Trindade. O espírito do Filho tinha de descer para abençoar, tomar forma, como a criatura superior, o homem; o Filho foi destinado a manifestar a glória do Pai pelo homem.

Dois aspectos do cosmos manifestam-se na humanidade – o mundo, o eu inferior, de um lado; e o espírito do Filho ou Cristo, de outro. Só pela manifestação do amor do Filho no homem pelo homem ele pode ser salvo da destruição.

Então Jesus fala do "filho da perdição", dizendo que ninguém será destruído, a não ser ele. Geralmente, acredita-se que isso se refere a Judas. Colocaríamos a história sob uma luz diferente e sugeriríamos que o "filho da perdição", na verdade, representa uma qualidade inerente à alma de todo homem, responsável por tudo o que é destrutivo e negativo. Contudo, essa qualidade (que tem sua parte no movimento de estimular e fortalecer o que é bom e provém da luz), por originar-se das trevas e do mal, certamente deve provocar sua própria destruição. Dizem que depois de Judas ter feito seu trabalho, ele se suicidou. Você consegue ver o simbolismo disso? Certamente o "filho da perdição" que habitava em Judas consumiu a si mesmo, pois o mal no homem é sempre autodestrutivo e, no final, deve ser "consumido no fogo". Isso que fez com que Judas traísse seu Mestre não poderia ter outro fim, pois esta é a lei.

Este capítulo é belo na sua aparente simplicidade – quando você tem a chave para entendê-lo. Sem o aspecto Cristo, não há nada no homem pelo qual viver; no mundo nada é permanente, exceto o que vem à vida pelo poder do Pai e do Filho. Jesus pediu para que o Pai o glorificasse e lhe desse poder para elevar seus discípulos – posteriormente homens acordados. Consciente das limitações que cercam a alma humana, ele sabia que só a glória de Deus, manifestada por meio dele, o homem Jesus, podia alcançar aqueles discípulos. Aqui, o evangelho afirma claramente que o homem deve reagir a esse espírito de Cristo, senão ele é morto. Num grau bem menor, nós todos somos, em certo sentido, salvadores de nossos irmãos se vivermos, como Cristo nos ensinou, uma vida de amor total, gentileza, simplicidade e ternura. Desse modo o Filho, o Cristo, nos usa, e somos salvadores de nossos irmãos.

Isso nos traz de volta à doutrina de fraternidade e da boa vontade. Só pela aspiração ao Pai é que Jesus se tornou um com o Pai, e só por meio dessa reconciliação ele pôde salvar seus irmãos da Terra. O capítulo inteiro ensina que há apenas um caminho de vida, o caminho de Cristo. Então Jesus indica que deu tudo o que podia dar enquanto estava na carne. Agora ele devia retornar ao templo superior e dirigir de lá, como podemos dizer?, a salvação da alma do homem. Era necessário que ele depusesse o corpo que lhe tinha servido e se tornasse espírito puro para efetuar esse trabalho posterior. E o seu trabalho daí em diante, ele disse claramente, seria nos céus ou viria dos céus.

Temos de voltar num movimento circular para onde explicamos como a alma pode deixar seu corpo sonolento e ser puxada para o templo superior; pois de lá o trabalho de Cristo continua. Assim vemos que o espírito de Cristo, o Filho, deve morar na glória celestial e às vezes designar que jatos de amor e luz jorrem de modo que Cristo possa elevar todos os homens para seu coração de amor no céu superior.

Assim falou Jesus, e, levantando os olhos ao céu, disse: Pai, é chegada a hora, glorifica o teu Filho, para que também o teu Filho te glorifique; e, pelo poder que lhe deste sobre toda a carne, ele dê a vida eterna a todos quantos lhe deste. Ora, a vida eterna é esta: Que te conheçam a ti como único Deus verdadeiro, e a Jesus Cristo, a quem enviaste (1-3). A vida eterna, de fato, vem à alma que vê Cristo, que compreende o amor do Pai. Ela vive a partir daí pelo amor do Pai e de Cristo; pois amar é viver, e falta de amor significa morte.

Jesus veio para manifestar a glória de Deus em sua natureza, em sua presença e em sua vida. Tendo concluído *a obra que me deste a fazer* (4), que era glorificar a Deus na forma do homem, ele retornou a seu Pai. Qualquer homem perfeito, isto é, que terminou a obra que o Pai lhe deu para fazer, qualquer alma que passou pelas inúmeras encarnações e triunfou sobre o mundo, retorna para os céus e não tem mais necessidade de voltar a encarnar, pois já manifestou a glória de Deus. *Agora, Pai, glorifica-me junto de ti, com a glória que eu tinha contigo antes que existisse o mundo* (5). Uma nova vida está preparada para cada alma que cumprir a obra de Deus enquanto na Carne, e toda alma a cumprirá no devido tempo. A última meta de toda alma é a bênção sagrada da união com Deus. Nessa união sagrada, a identidade não será perdida, pois na união com Deus a alma se unifica a tudo. Muitos pensam que o Nirvana dos budistas e o céu dos cristãos implicam um tipo de aniquilação ou extinção da alma individual, mas não é assim. Significa a perfeição de cada alma de modo a entrar na reconciliação absoluta com a vida e com Deus. A partir daí, nenhuma nota dissonante distingue a harmonia da alma. Que vida teremos todos nós que ainda precisamos executar nosso trabalho para o Pai na Terra!

Manifestei o teu nome aos homens, que do mundo me deste, eles eram teus e tu mos deste e eles guardaram a tua palavra. Agora reconheceram que todas as coisas que me deste, vêm de ti, porque lhes comuniquei as palavras que me confiaste; eles as acolheram e reconheceram verdadeiramente que eu saí de ti e creram que me enviaste. (6-8) Isso não se refere apenas aos doze apóstolos mas a todos os homens e mulheres que chegaram à esse ponto do caminho, na jornada de volta para Deus, no qual eles podem ver Cristo revelado no coração dos homens e em toda a vida. Toda alma chegará no final ao ponto onde ela pode reconhecer a verdade instantaneamente.

Eu já não estou no mundo, mas eles estão no mundo, e eu vou para ti. Pai santo, guarda em teu nome aqueles que me deste, para que sejam um como nós. Quando eu estava com eles no mundo, eu os guardava em teu nome. Conservei os que me deste; nenhum deles se perdeu, exceto o filho da perdição, para que se cumprisse a Escritura. Mas agora vou para ti; e digo estas coisas do mundo, para que eles tenham em si mesmos a minha plena alegria. Dei-lhes a tua palavra, e o mundo os odiou, porque não são do mundo, como eu não sou do mundo. Não peço que os tires do mundo, mas que os guardes do mal. Eles não são do mundo, como eu também não sou do mundo (11-16). Jesus, o Cristo, compreende como as coisas podem ser árduas para aqueles que seguem o caminho. Ele sabe como todos precisam do amor e da proteção de Deus. Algumas pessoas parecem pensar que é fácil para os outros ser bons, pois o caminho da carne fracassa ao tentá-los. Mas aqueles que pensam assim não compreendem como é difícil para qualquer alma manter-se no caminho justo e verdadeiro; os que chegaram a níveis mais elevados, onde as tentações são mais sutis, sentem dificuldades ainda maiores, e estão, portanto, sujeitos a uma queda bem mais dolorosa (uma lição que foi ensinada nas tentações do deserto). Jesus sabia que o discípulo tem uma necessidade maior de ajuda espiritual do Pai do que o adormecido. Ele fala ternamente a você neste capítulo; esta mensagem é para você. Jesus está falando para você individualmente, conhecendo, simpatizando com suas dificuldades, enganos e fracassos. Ele pede ao Pai para auxiliá-lo ainda mais quando estiver trilhando o caminho.

Santifica-os na verdade. A tua palavra é a verdade. Assim como tu me enviaste ao mundo, também eu os enviei ao mundo. E por eles eu me santifico a mim mesmo, para que também eles sejam santificados na verdade (17-19). O Mestre está ensinando a lição da fraternidade o tempo todo. É pela lei da fraternidade que o ser superior sempre dá a mão ao inferior. No entanto, embora estejamos sempre dando a mão para aqueles que ainda estão na Terra, temos no espírito nossa outra mão segura na de um anjo superior. E enquanto olhamos para cima, também guiamos os que estão abaixo. Todo amor é exatamente assim. Aqui encontramos o amor perfeitamente expresso em ações. Aqui pode estar a resposta para os que dizem "por que se intrometer com os espíritos"? Este é o motivo. Consciente ou inconscientemente, o homem tem uma mão na mão do seu guia superior e precisa elevar-se para receber a ajuda que almeja.

18

O Ato de Rendição

Para compreender as verdades do espírito é necessário elevar-se acima das limitações do pensamento terreno e das concepções intelectuais, pois o homem não consegue abarcar a verdade espiritual apenas com seu intelecto. Como Jesus ensinou, só os puros de coração podem entrar no reino. No momento atual, em particular, muitos problemas graves e complexos esperam por solução, e homens e mulheres voltam-se em vão para seus líderes em busca de respostas para suas questões; no entanto, a menos que eles mesmos entrem no reino da verdade não poderão atender aos filhos da Terra. A grande fraternidade atrai para si os homens a fim de iluminá-los sobre como viver de acordo com a lei de Deus; mas a humanidade está tão absorta na densidade do materialismo e do pensamento materialista que não é fácil penetrar esse denso véu.

Há muito tempo, desde que o Mestre falou a seus filhos, que alguns sentem ser impraticável seu ensinamento nesta era; outros ainda esperam que o Senhor volte em toda a sua glória, acompanhado por uma hierarquia de anjos. O homem tornou-se tão propenso ao materialismo que espera ter uma visão física da vinda do Senhor. O homem está adormecido no materialismo, mas Deus, o espírito todo-poderoso, usa muitos caminhos para erguê-lo do seu sono mortal. Às vezes, essa vivificação toma a forma de uma perda pessoal, tristeza ou sofrimento. Deus move-se de um modo misterioso para executar seus prodígios na vida material, como a sua própria experiência provavelmente lhe ensinou.

Os milagres do Mestre Jesus não foram confinados ao período do seu ministério na Terra; eles ainda estão sendo realizados entre os homens. Muitos, deixando de reconhecer esse fato, não percebem que o que estão suportando pela doença, tristeza, sofrimento, perda de posição ou riqueza material, vem para eles como um ato designado por Deus para vivificar seu espírito. Só quando o espírito interior do homem é acordado ele consegue ver a vinda do Mestre no silêncio do seu cerne mais profundo. A segunda vinda não será uma manifestação exterior e, sim, interior. Cristo e o círculo de Cristo estão esperando pela hora da sua vivificação, de modo que você possa abrir seus olhos internos para ver a glória dele e se conscientizar do poder que ele tem para reger a sua vida.

Você verá que este preâmbulo está diretamente relacionado com o décimo oitavo capítulo do evangelho, onde se afirma claramente que o reino dos céus é o reino do amor e da verdade; e que o ministério do Mestre Jesus destinava-se a trazer para a humanidade essa visão do verdadeiro reino. Ele não ensinou seus discípulos a orarem: *Venha a nós o teu reino. Seja feita a tua vontade, assim na terra como no céu* (Mt. 6:10)?

Ao tentar trazer esse ensinamento para a vida cotidiana, confrontamo-nos com um importante problema. Os "anos de fogo", pelos quais a humanidade está passando, oferecem aos homens uma grande oportunidade para seguir o rei do amor. Muitos argumentos astutos e engenhosos estão sendo colocados pelos materialistas, e as pessoas se sentem incapazes de responder a eles. Reconhecemos as dificuldades que têm de ser encaradas no que é chamado de "práticas políticas". Muitos estudantes letrados já conhecem a verdade, assim como Pilatos a conhecia, mas como Pilatos, no momento de colocar a verdade em prática falta-lhes coragem. O Mestre compreendeu as dificuldades, e as compreende hoje; mesmo assim você deve tentar colocar em prática a lei de Cristo em cada detalhe da sua vida.

Como um exemplo, Jesus bradou no jardim de Getsêmani a seu Pai: *Meu Pai, se é possível, que passe de mim este cálice; todavia não se faça como eu quero, mas sim como tu queres* (Mt. 26:39). Ou, como em

São João: *Não hei de beber o cálice que o Pai me deu?* (18:11). Toda alma tem de encarar em algum momento essa ordem tremenda e entregar-se, ou então recusar-se a ceder à vontade de Deus. Nem sempre a ordem é clara. Não é uma questão de dizer "é pela vontade de Deus que essas coisas terríveis estão acontecendo", e não fazer nenhum esforço para ajudar a si mesmo, e menos ainda para aliviar a dor e o sofrimento dos outros. Ver todos os males como inevitáveis não é render-se à vontade de Deus, pois Deus criou um mundo belo e criou o homem, dotando-o com a dádiva de Seu Filho, para desfrutar da vida e ser feliz. Contudo, a alma do homem será chamada para sofrer certas experiências que denominaremos "iniciação". Às vezes, o preparo para a iniciação é intragável; pode tomar a forma de privações, de perda de um ente amado, ou de uma grande mudança na vida da qual a alma simplesmente recua por estar muito apegada aos objetos e à família para partir rumo ao desconhecido. Uma luta consigo mesmo vem a seguir, provocando dor. Se a alma pudesse compreender e saber que Deus é todo amor, e que as experiências vêm para iniciá-la, para abrir o caminho para uma glória maior, se a alma pudesse então dizer, sem amargura ou ressentimentos, "que seja feita a vossa vontade, não a minha" (Lc. 22:42), muito sofrimento seria transmutado. Esta é a submissão divina (não o sacrifício, pois o sacrifício é algo diferente), de acordo com a lei do amor. Jesus, sabendo que um certo caminho tinha de ser trilhado, pacientemente foi em frente ao encontro do que lhe fora mostrado.

Vamos imaginar Jesus no jardim de Getsêmani com seus discípulos, incluindo Judas. Você deve estar lembrado de que comparamos o aspecto inferior da natureza do homem a Judas, ao aspecto que nos trai, ao eu inferior do homem. Foi Judas quem levou os soldados até Jesus... que o beijou... que o traiu. Os discípulos ao redor de Jesus, principalmente Pedro, ficaram indignados quando os soldados ousaram pôr as mãos no seu querido Mestre. Pedro fez o que era natural segundo a sua natureza inferior: golpeou a orelha de um soldado com uma espada. Com esse ato, ele rompeu a lei do amor. Jesus, reconhecendo isso, disse na mesma hora: *Embainha a tua espada* (Jo. 18:11). Então por um supremo ato de compaixão, Jesus curou a ferida (Lc. 22:51).

Isso traz à tona um problema terrível. Muitos estão confusos hoje em dia com a violência e a guerra. "É certo lutar? Não é certo nos defendermos?", perguntam. A questão torna-se aguda na hora da guerra. Você se lembra de como o Mestre respondeu a um problema semelhante, dizendo: *Dai a César o que é de César e a Deus o que é de Deus* (Mt. 22:31)? Então as pessoas dizem: "Mas, se nos recusarmos a lutar, certamente morreremos; isso não é justo. Certamente deve haver um protesto justo, uma guerra justa?" Aceitamos essa atitude da mente, mas o que estamos tentando salientar é o significado deste décimo oitavo capítulo: o reino de Cristo é o reino do amor e se você viver no reino de Cristo e for seu discípulo, deve viver de acordo com a lei do amor. O amor é o poder supremo do universo. Deus é amor; e só quando o amor for afastado de qualquer situação é que acontece o conflito, a guerra e a morte.

Temos ouvido o argumento de que, em determinadas circunstâncias, nada mais há a fazer senão lutar. Do ponto de vista material isso pode estar certo, mas do espiritual, nunca. O conflito é sempre, *sempre* uma violação da lei de Cristo. Há apenas um caminho para receber o amor na vida humana: o amor. Quando há uma violação da lei do amor, o resultado é o sofrimento, o conflito e a dor.*

Pedro obviamente não compreendeu o ensinamento do Mestre, ou nunca teria levantado sua espada. Alguns podem replicar: "Mas não se pode ficar parado vendo um homem inocente ser conduzido à morte, sem fazer nada!" Concordamos que este é um problema difícil. Todavia, o poder do amor é supremo; e se esse poder for projetado da alma ele provará que é o mais forte. Queremos dizer com isso que, se um homem inocente for atacado, o poder do amor fluindo de um irmão ou um mestre da luz, pode proteger esse homem. O mundo não acreditará ou aceitará essa afirmação, mas nós a fazemos sem reservas.

Quando Pedro rompeu a lei do amor, ele abalou também a luz e a proteção em torno do Mestre e dos discípulos; então o Mestre Jesus foi preso e os discípulos dispersados. Pedro, seguindo a multidão, foi até o pátio do pontífice e ficou lá aquecendo-se ao lado do fogo. Então a criada porteira disse a Pedro: *Não és tu também dos discípulos deste homem?* (Jo. 18:17). Foi um desafio direto e uma oportunidade para Pedro mostrar-se e declarar-se. Pedro negou seu Mestre.

---

*Veja o Apêndice pág. 194: "Guerra."

Mais tarde, Pilatos interrogou Jesus, perguntando-lhe quem ele era. Pela natureza da pergunta, pode-se ver que Pilatos reconheceu Jesus como um homem verdadeiro, mesmo enquanto o acusava. Jesus, sabendo que Pedro estava perto, respondeu a Pilatos dizendo: *Interroga aqueles que ouviram o que eu lhes disse* (21). Em outras palavras, ele estava apelando para Pedro se levantar e dar testemunho do que ouvira e vira. Novamente Pedro negou conhecer Cristo.

Você não vê isso acontecendo hoje? Não há coragem moral no coração de homens e mulheres para falarem e dar testemunho da verdade espiritual. Observe que o Mestre ofereceu a Pedro outra oportunidade, mas Pedro não reagiu e rompeu a lei pela segunda vez. O amor e a verdade são a expressão da vida do espírito, do poder de Cristo. Quando a lei é rompida, a vida rompe-se e o poder afasta-se. Com a lei espiritual é necessário ser consistente e deixar que ela funcione por sua conclusão lógica.

(18:1-6) *Tendo Jesus dito essas palavras, saiu com os seus discípulos para o outro lado da torrente do Cedron, onde havia um horto, no qual ele entrou e seus discípulos. Ora, Judas, que o traiu, conhecia esse lugar porque, freqüentemente, Jesus e seus discípulos se reuniam ali. Judas, então, levando a corte dos guardas destacados pelos chefes dos sacerdotes e pelos fariseus, aí chega, com lanternas, archotes e armas. Sabendo Jesus tudo o que lhe aconteceria, adiantou-se e lhes disse: A quem buscais? Responderam-lhe: A Jesus de Nazaré. Disse-lhes Jesus: Sou eu. E Judas, o traidor também estava com eles. Quando Jesus lhes disse: Sou eu, recuaram e caíram por terra.*

Jesus perguntou aos soldados: *A quem buscais?* Quando eles responderam, sabendo o que ia pela mente deles, Jesus replicou: *Sou eu.* Portanto, Jesus estava se entregando, submetendo-se à lei. Contudo, observe que, de acordo com a lei do amor, os soldados caíram por terra – eles não podiam colocar as mãos em Jesus pois este ainda estava protegido. Dizendo *Sou eu*, Jesus fortalecia-se, erguendo ao seu redor a proteção da luz branca. Ao levantar sua espada contra um semelhante, Pedro destruiu a luz.

(18:7-11) *Perguntou-lhes então novamente: A quem buscais? Eles disseram: A Jesus de Nazaré. Respondeu Jesus: Já vos disse que sou eu;*

se é, pois, a mim que buscais, deixai que estes se retirem. Disse isto para que se cumprisse a palavra que tinha dito: Dos que me deste, não perdi nenhum. Então Simão Pedro, que tinha uma espada, desembainhou-a e feriu o servo do Sumo Sacerdote, cortando-lhe a orelha direita. O nome do servo era Malco. Porém Jesus disse a Pedro: Embainha a tua espada. Não beberei eu o cálice que o Pai me deu?

Não beberei?... o ato de rendição. Jesus não queria que Pedro ou qualquer outro entrasse em conflito a seu favor. Ele aceitou o cálice, sabendo que havia um caminho que tinha de seguir. Aqui está a lição – aceitar sem ressentimentos o que não pode ser evitado, pois trata-se do seu karma. Uma aceitação assim é um grande teste, um grande mistério. O sábio e o iniciado sempre se rendem à vontade divina. Com a palavra rendição queremos dizer que, quando você é confrontado por uma condição inalterável, ela é obviamente o seu karma e você não deve lutar contra ela. Não proteste contra as ferroadas. Aceite o que vem com tranqüilidade, sabendo que é a vontade de Deus e que seu propósito é a felicidade suprema e a perfeição da alma humana.

(18:12-24) *Então a corte, o tribuno e os guardas dos judeus prenderam a Jesus e o ataram. Primeiro levaram-no à casa de Anás, por ser sogro de Caifás, que era o Sumo Sacerdote daquele ano. Ora, Caifás era aquele que aconselhara aos judeus que convinha que um só homem morresse pelo povo.*

E Simão Pedro e outro discípulo seguiam a Jesus. Esse discípulo era conhecido do Sumo Sacerdote e entrou com Jesus no palácio do Sumo Sacerdote. Mas Pedro ficou junto à porta, de fora. Saiu então o outro discípulo, que era conhecido do Sumo Sacerdote, falou à porteira, levando Pedro para dentro. Então a criada que guardava a porta disse a Pedro: Não és tu também dos discípulos deste homem? Ele respondeu: Não sou. E estavam ali os servos e os guardas que tinham feito uma fogueira, porque estava frio, e se aqueciam. Pedro também ficou eles, aquecendo-se.

Então o Sumo Sacerdote interrogou Jesus sobre os seus discípulos e sobre a sua doutrina. Jesus lhe respondeu: Falei abertamente ao mundo; sempre ensinei na sinagoga e no templo, onde se reúnem todos os judeus, e nada falei às escondidas. Por que me interrogas? Pergunta aos que ouviram o que é que eu lhes ensinei; eles sabem o que eu lhes tenho dito.

E, tendo dito isso, um dos guardas que ali estavam deu uma bofetada em Jesus, dizendo: Assim respondes ao Sumo Sacerdote?

Respondeu-lhe Jesus: Se falei mal, mostra o que eu disse de mal; mas, se falei bem, por que me bates?

Anás então o enviou manietado ao Sumo Sacerdote Caifás. Simão Pedro continuava lá, de pé, aquecendo-se. Disseram-lhe então: Não és tu também um dos seus discípulos? Ele negou e disse: Não sou. Um dos servos do Sumo Sacerdote, parente daquele a quem Pedro cortara a orelha, disse-lhe: Não te vi eu no horto com ele? E Pedro negou-o outra vez. E logo um galo cantou.

Levaram depois Jesus da casa de Caifás ao pretório. Era de manhã cedo. Eles não entraram no pretório para não se contaminarem, e poderem comer a Páscoa. Pilatos então saiu ao encontro deles e disse: Que acusação apresentais contra este homem? Responderam e disseram-lhe: Se não fosse um malfeitor, não o entregaríamos a ti.

Pilatos disse-lhes então: Tomai-o vós mesmos e julgai-o segundo a vossa lei.

Mas os judeus disseram-lhe: A nós não é permitido condenar ninguém à morte (a fim de se cumprir a palavra de Jesus com a qual indicara de que morte havia de morrer).

Tornou, pois, Pilatos a entrar no pretório, chamou Jesus e lhe disse: És o rei dos judeus?

Respondeu-lhe Jesus: Tu dizes isso de ti mesmo, ou outros te disseram isso de mim?

Respondeu Pilatos: Porventura sou eu judeu? Teu povo e os chefes dos sacerdotes entregaram-te a mim. Que fizeste?

Respondeu Jesus: O meu reino não é deste mundo. Se o meu reino fosse deste mundo, certamente que os meus súditos teriam combatido para que eu não fosse entregue aos judeus; mas o meu reino não é daqui.

Disse-lhe pois Pilatos: Então, tu és rei?

Respondeu Jesus: Tu o dizes: eu sou rei. Para isto nasci e para isto vim ao mundo: para dar testemunho da verdade. Quem é da verdade ouve a minha voz.

Disse-lhe Pilatos. Que é a verdade? E, dizendo isto, tornou a sair para ir ter com os judeus, e disse-lhes: Não encontro nele crime algum. Mas vós tendes por costume que eu vos solte um prisioneiro pela Páscoa.

Quereis, pois, que vos solte o Rei dos judeus? Então eles gritaram de novo, dizendo: Não este, mas Barrabás. E Barrabás era um salteador.

Todo aquele que concorda em ser dirigido pela verdade interior, que permite a vibração da verdade no seu ser, ouve a voz do seu mestre e é um rei da verdade. Jesus estava tentando ensinar uma lição simples para a qual nos tornamos surdos e cegos. A lei da vida é o amor. A lei do reino dos céus é o amor, e o reino dos céus é o reino da verdade. Os que querem entrar no reino têm de se fiéis à lei do amor, à verdade de si mesmos. Outro sábio disse: "Seja verdadeiro contigo mesmo." Todo mestre da lei espiritual nos ensina a sermos verdadeiros à lei do espírito, à lei de Deus. Não permita que qualquer tentação o desvie do caminho da verdade, mas tenha a coragem moral de permanecer verdadeiro consigo mesmo.

A nosso ver, não pode haver nenhuma barganha com a verdade; entretanto o mundo faz continuamente isso. As pessoas dizem que não se pode amar e perdoar sempre. Isso porque elas não têm uma visão clara. Os dois caminhos são delineados inequivocadamente pelo autor desse capítulo – o caminho do homem espiritual, do verdadeiro discípulo de Cristo; e o dos adoradores do espírito do mal, os seguidores do materialismo. Uma vez que o discípulo é aceito, em todos os momentos e circunstâncias ele permanece verdadeiro à lei espiritual da forma que ela lhe foi revelada.

19

O Florescer da Rosa

A rosa é chamada de "flor do amor" sendo amplamente usada como símbolo do amor. O coração humano, como a rosa, pode virar-se para o Sol, para a bênção da luz; e ao recebê-la pode expandir-se em sabedoria e compreensão. Há no ensinamento de Jesus muita coisa oculta que só o coração pode entender. Durante dois mil anos, os homens têm buscado a compreensão através do nível ou do plano mental, mas quase sempre em vão. Há, contudo, os que não lêem simplesmente as antigas escrituras mas entram no santuário interior para meditar e absorver a luz. Aí eles encontram a verdade; a verdade, no entanto, só pode ser realmente encontrada quando o coração se mostra abnegado na hora da meditação, e quando ele deseja que a vida exterior também se torne abnegada, pensando apenas nas necessidades dos outros. Numa pessoa assim, a rosa começa a florescer e desprende sua fragrância pela vida. Séculos mais tarde, o mundo proclama a santidade dessas pessoas, tratando-as como irmãos superiores, mestres.

O mestre é aquele que conseguiu o domínio do eu inferior e de todos os níveis do ser. Esse domínio surge do fortalecimento do espírito, que é o amor. O amor é o poder pelo qual um mestre faz funcionar sua magia branca. O maior poder neste mundo ou no próximo é o amor, e amar é poder, é sabedoria. A sabedoria, o amor e o poder são inseparáveis

– três em um e um em três. O amor é o elo de ligação e, todavia, dá liberdade total; quando aplicado nunca falha, não importa o quanto seja difícil o problema confrontado pela alma. Na dúvida, no medo, na ansiedade, na doença, ou quando a morte se aproxima, a chave para a libertação, a chave para o céu, é o amor a Deus.

Neste capítulo – o décimo nono – essa verdade é soberbamente demonstrada. A missão de Jesus na Terra era revelar a lei na ação. Você deve estar lembrado do amor transbordante do Mestre por Judas, seu traidor. Sabendo que, pelo karma, Judas estava destinado a traí-lo, Jesus atraiu para si esse karma, consciente de que perdoaria Judas livrando-o daquele cativeiro. *Não há amor maior...* (15:13).

Neste capítulo aparecem mais duas ocasiões nas quais Jesus deliberadamente livra alguém do karma que resulta de um determinado curso de ação. Assim é demonstrada a fraternidade: pela influência de um amor silencioso e por uma ação abnegada, um homem pode salvar o outro de incorrer num karma de grande sofrimento. Desse modo, vemos Jesus tentando atrair a bondade de Pôncio Pilatos, dando-lhe a oportunidade de responder ao seu eu superior e fazer a coisa certa. Contudo, Pilatos mostrou-se moralmente fraco não conseguindo aproveitar essa oportunidade.

Chamamos a sua atenção também para o episódio no qual Jesus, de acordo com João, *para que se cumprisse a Escritura, disse: Tenho sede* (28). Ele sabia que à sua frente estava um soldado cujo karma exigia uma oportunidade para se mostrar compreensivo, para fazer uma boa ação; o soldado, tocado pela piedade, encharcou uma esponja com vinagre e levantou-a até os lábios do Mestre. Então Jesus disse: *Tudo está consumado* (30), significando que ele havia abençoado e ajudado a última alma na Terra que ele poderia ajudar dessa maneira, transmutando o karma.

Assim foi com Judas, com Pilatos e, no final, com esse soldado. Houve também muitos e muitos outros. A verdade é que todo o ministério do Mestre foi de compaixão, considerando não apenas a vida corporal mas a alma daqueles a quem ele veio socorrer.

Vem a seguir o incidente no qual o soldado transpassa o lado de Jesus com uma lança; do ferimento, sai imediatamente sangue e água, símbolos da esplêndida rendição de Jesus ao supremo amor de Deus.

Ele não entregou apenas a sua vida física, mas também toda a sua psique. Poucas pessoas, na vida ou na morte, são capazes de concluir essa rendição final e suprema a Deus. A maior parte morre retendo os desejos terrenos ou astrais. Isso é natural, e acontecerá até a alma estar tão iluminada espiritualmente a ponto de poder entregar tudo. Por esse símbolo do sangue e da água, Jesus demonstrou que havia rendido seu corpo e alma ao amor de Deus (a água é um símbolo da alma ou psique), como uma demonstração final a seus seguidores e a todas as almas aspirantes de que o auge da vida é a entrega total a Deus.

Quando ler este capítulo, tenha em mente que ele descreve de forma simbólica as experiências pelas quais toda alma deve passar, no seu próprio grau, enquanto se esforça por seguir o caminho espiritual. A alma, em sua busca pela verdade, é escarnecida e castigada pelo mundo, pelos interesses mundanos em si mesma, e muito do que ela considera sagrado acaba sendo pisoteado. A história de Jesus é a de todo irmão aspirante, de todo discípulo que esteja a caminho.

(19:1-4) *Pilatos tomou então a Jesus e o mandou açoitar. Os soldados, tecendo uma coroa de espinhos, puseram-na sobre a cabeça e vestiram-no com um manto de púrpura. E diziam: Salve, rei dos judeus! E davam-lhe bofetadas. Saiu Pilatos ainda outra vez fora, e disse-lhes: Eis que vo-lo trago aqui fora, para que saibais que não encontro nele crime algum.*

Observe que Pilatos foi capaz de reconhecer a verdade em Jesus, mas era um fraco. Ele teve uma reação própria da mente terrena ou da alma jovem que, mesmo enxergando a verdade, não tem a resolução e a confiança necessária para colocá-la em ação. Por estar ciente de que Pilatos podia reconhecer a verdade, Jesus tentou ajudá-lo a se fortalecer moralmente.

(19:5-11) *Saiu, pois, Jesus fora, trazendo a coroa de espinhos e o manto de púrpura. E disse-lhes Pilatos: Eis o homem. Então os príncipes dos sacerdotes e os ministros, vendo-o, gritaram, dizendo: Crucifica-o, crucifica-o!*

Disse-lhes Pilatos: Tomai-o vós e crucificai-o, porque eu não encontro culpa nele.

Responderam-lhe os judeus: Nós temos uma lei e, segundo a nossa lei, ele deve morrer, porque se fez Filho de Deus.

Quando Pilatos ouviu esta palavra, ficou ainda mais aterrado. Entrando novamente no pretório, disse a Jesus: De onde és tu? Mas Jesus não lhe deu resposta. Então disse-lhe Pilatos: Não me respondes? Não sabes que tenho poder para te crucificar e também para te soltar?

Respondeu-lhe Jesus: Tu não terias poder algum sobre mim se não te houvesse sido dado do alto. Por isso, aquele que me entregou a ti, tem maior pecado.

Como dissemos, o amor é o maior poder sobre a Terra, o maior poder nos céus. Jesus possuía o poder do amor, do amor real, no seu coração. Ele sabia que o amor é a lei suprema do universo, portanto, poderia dizer tranqüilamente: "Você não tem poder para me ferir." Aqui está a grande verdade que todos temos de aprender; quando o amor supremo reina e irradia do coração não há nada na Terra ou nos outros planos que possa ferir a alma. Se um homem age do coração do amor para Deus, seu irmão nada tem a temer, não importa o quanto sejam adversas as circunstâncias. Se um homem vive pelo amor, no fim tudo dá certo. O amor é superior a tudo. Faça o melhor que puder, aja do coração do amor (isso significa colocar em prática a lei divina na sua vida), e poderá ter confiança em Deus, pois tudo dará certo.

Quando Jesus disse: *aquele que me entregou a ti tem maior pecado* (11), ele estava demonstrando compaixão por Pilatos, demonstrando simpatia e compreensão, pois Pilatos havia sido colocado nessa situação contra a sua vontade; novamente por compaixão Jesus ofereceu a Pilatos uma oportunidade para responder ao seu eu superior e opor resistência pela verdade.

(19:12-15) *Desde esse momento, Pilatos procurava libertá-lo. Porém os judeus clamavam, dizendo: Se soltas este, não és amigo de César, porque qualquer que se faz rei é contra César. Pilatos, ouvindo essas palavras, levou Jesus para fora e sentou-se no tribunal no lugar chamado Litostrotos, em hebraico Gábata. Era o dia de preparação da Páscoa, e quase à hora sexta. Ele disse aos judeus: Eis o vosso rei. Mas eles bradaram: À morte, à morte, crucifica-o! Disse-lhes Pilatos: Pois eu hei de crucificar o vosso rei? Responderam os chefes dos sacerdotes: Não temos rei, senão a César.*

Mais uma vez vemos o mundo como ele é. Os pontífices só tinham conhecimento do rei terreno. Não conheciam nenhum rei senão César, o soberano deste mundo. Desse modo, o mundo renega e crucifica os homens de Deus. Como é vital para os que estão no caminho espiritual aprender a ver sob a superfície e o coração do próximo, para reconhecer o espírito, para ver o eu superior e tentar compreender o motivo oculto da ação do outro e não meramente considerá-lo insensível. Devemos nos esforçar para olhar o coração mesmo dos que nos parecem inimigos, com entendimento e compaixão. Todos os irmãos na luz devem agir a partir do centro do amor que é a verdade. Se pudéssemos nos lembrar que os motivos dos homens podem ser bons, mesmo que seus atos pareçam negar essa bondade, nos pouparíamos de muito sofrimento e dor. Procure sempre, irmão, pelos reis espirituais; quando os reconhecer, não os crucifique por ingratidão ou despeito.

(10:16-18) *Então Pilatos o entregou para que fosse crucificado. E tomaram Jesus, e o levaram. E, levando ele às costas a sua cruz, saiu para o lugar chamado Caveira que em hebraico se chama Gólgota, onde o crucificaram, e com ele outros dois, um de cada lado, e Jesus no meio.*

Isso é interessante. Jesus foi levado para o Calvário (o lugar do crânio), onde foi crucificado. Um crânio sugere uma cabeça vazia, oca, desconhecida, sem animação ou percepção. Você percebe o significado esotérico? Significa que foi a partir de um nível de consciência destituído de compreensão, conhecimento, amor, beleza, que eles crucificaram o Filho de Deus. Isso ainda está acontecendo. Numa praça (ou nível) onde a compreensão morreu e a mente está vazia de piedade as almas ainda são crucificadas. Jesus podia orar: *Pai, perdoai-os, pois eles não sabem o que fazem* (Lc. 23:34). Pois os que fizeram isso eram como crânios: vazios, cegos, inconscientes.

(19:19-42) *E Pilatos escreveu também um letreiro e o fez colocar na cruz. Nele estava escrito: JESUS NAZARENO, REI DOS JUDEUS. E muitos judeus leram esse letreiro porque o lugar onde Jesus foi crucificado ficava perto da cidade; e estava escrito em hebraico, em grego e em latim. Disseram então a Pilatos os chefes dos sacerdotes dos judeus: Não escrevas o Rei dos judeus; mas que ele disse: Eu sou Rei dos judeus.*

Respondeu Pilatos: O que escrevi, escrevi.

Então os soldados, tendo crucificado Jesus, tomaram as suas vestes e fizeram quatro partes, para cada soldado uma parte e também a túnica. A túnica, porém, tecida de alto a baixo não tinha costura. Disseram pois uns aos outros: Não a rasguemos, mas lancemos sorte sobre ela, para ver de quem será. Para que se cumprisse deste modo a Escritura, que diz: Repartiram entre si os meus vestidos, e lançaram sorte sobre a minha túnica. Os soldados, pois, fizeram estas coisas.

Entretanto, estava de pé junto à cruz de Jesus a sua Mãe e a irmã de sua mãe, Maria, a mulher de Cléofas e Maria Madalena. Ora, Jesus, vendo ali sua Mãe e, junto dela, o discípulo que ele amava, disse a sua Mãe: Mulher, eis aí o teu filho. Depois disse ao discípulo: Eis aí a tua Mãe. E desde essa hora o discípulo a recebeu na sua casa. Em seguida, sabendo Jesus que todas as coisas estavam consumadas para que se cumprisse a Escritura, disse: Tenho sede. Estava pois ali um vaso cheio de vinagre. Fixando então uma esponja embebida em vinagre numa vara de hissopo, levaram-na à sua boca. E quando Jesus tomou o vinagre, disse: Está consumado. E inclinando a cabeça, rendeu o espírito.

Os judeus, como era o dia da preparação para a Páscoa, para que no sábado não ficasse os corpos na cruz (porque aquele dia de sábado era de grande solidariedade), rogaram a Pilatos que se lhes quebrassem as pernas e fossem tirados. Foram pois os soldados, e quebraram as pernas ao primeiro, e ao outro que fora crucificado com eles. Mas, quando chegaram a Jesus, e vendo-o já morto, não lhe quebraram as pernas; mas um dos soldados transpassou-lhe o lado com uma lança e imediatamente saiu sangue e água.

Aquele que viu dá testemunho e o seu testemunho é digno de fé, e ele sabe que diz a verdade, para que também vós creiais. Porque estas coisas aconteceram para que se cumprisse a Escritura: Nenhum osso lhe será quebrado. E outra Escritura diz ainda: Olharão para aquele que transpassaram.

Depois disto, José de Arimatéia, que era discípulo de Jesus, ainda que secretamente por medo dos judeus, rogou a Pilatos que lhe permitisse tirar o corpo de Jesus. Pilatos o permitiu. Vieram, então, e retiraram o corpo de Jesus. Nicodemus, o que anteriormente procurara Jesus à noite, também veio, trazendo cerca de cem libras de uma mistura de mirra e de aloés. Tomaram, pois, o corpo de Jesus e o envolveram em lençóis de linho com as especiarias, como os judeus costumavam fazer para sepultar. Ora, no lugar onde Jesus foi crucificado, havia um horto, e no horto um sepulcro novo, em que ninguém ainda tinha sido posto. Ali, pois, por ser o dia da preparação dos judeus, e por estar perto o sepulcro, eles puseram Jesus.

Acrescentaríamos que, quando Jesus pediu ao discípulo para olhar por sua mãe e à sua mãe para olhar por seu filho, suas palavras podem ser interpretadas como uma renúncia das relações humanas pelo período dessa encarnação. Toda alma que parte do corpo tem um momento semelhante de renúncia. Só uma relação é eterna, a do plano espiritual, a relação com o espírito. Jesus demonstrou claramente a necessidade de renunciar a todas as posses terrenas, até mesmo à distribuição de suas vestes.

Durante toda a sua vida Jesus teve visões dos registros akáshicos, do karma daqueles com quem entrou em contato. Muitos exemplos desse conhecimento prévio da atuação exata do karma, que Jesus compreendeu clara e profundamente, nos foram transmitidos. Todo seu ministério foi dirigido para ajudar os outros a transmutarem seus karmas ou a trabalharem de um modo melhor ou superior. Sobre todos os que têm um conhecimento mais profundo da lei divina recai uma responsabilidade: auxiliar os outros a não piorarem um karma difícil, para criarem um bom karma que proporcione bênção e felicidade a toda a humanidade no futuro.

Como é importante para os homens de hoje compreender essa lei, pois tão certo quanto a noite segue o dia, o que é plantado hoje é colhido amanhã! As nações que desenvolvem um karma mau sofrerão tanto individual como nacionalmente. Não importa o que os outros façam. O que nós fazemos é que é vital. Viva o evangelho de fraternidade entre os homens, viva a lei divina do amor, e observe com que precisão a lei do karma, que governa toda a vida do homem neste mundo e no próximo, opera.

Ó Pai-Mãe-Deus, limpa o nosso coração interior para que possamos ter a visão da verdadeira vida que Tu queres que vivamos. Que nós sejamos preenchidos pela luz do espírito de Cristo e habitemos em paz com nossos irmãos. Que possamos sempre conhecer a Tua paz. Amém.

20

"Não me Toques, Porque Ainda não Subi para o Meu Pai"

(20:1-31) *No primeiro dia da semana, Maria Madalena foi ao sepulcro de manhã, sendo ainda escuro, e viu a pedra tirada do sepulcro. Correu, pois, e foi ter com Simão Pedro e com o outro discípulo a quem Jesus amava, e disse-lhes: Levaram o Senhor do sepulcro, e não sabemos onde o colocaram. Partiu então Pedro com o outro discípulo e foram ao sepulcro. E corriam ambos juntos, mas o outro discípulo correu mais depressa do que Pedro e chegou primeiro ao sepulcro. E abaixando-se viu os lençóis de linho por terra; mas não entrou. Chegou depois Simão Pedro, que o seguia, e entrou no sepulcro, e viu os lençóis de linho por terra e o sudário que cobria a cabeça de Jesus. O sudário não estava com os lençóis de linho no chão, mas enrolado num lugar à parte. Então, entrou também o outro discípulo, que chegara primeiro ao sepulcro e ele viu e acreditou. Pois ainda não tinham compreendido que, conforme a Escritura, ele devia ressuscitar dos mortos. Voltaram, pois, os discípulos para casa.*

Entretanto, Maria estava chorando fora, perto do sepulcro. Enquanto chorava, inclinou-se e olhou para dentro do sepulcro, e viu dois anjos vestidos de branco, sentados no lugar onde fora colocado o corpo de Jesus, um à cabeceira e outro aos pés. E eles lhe disseram: Mulher, por que choras?

Ela lhes disse: Porque levaram o meu Senhor e não sei onde o colocaram. E, tendo dito estas palavras, voltou-se e viu Jesus de pé. Mas não sabia que era Jesus.

Disse-lhe Jesus: Mulher, por que choras? A quem procuras?

Ela, julgando que era o jardineiro, disse-lhe: Senhor, se tu o levaste, dize-me onde o puseste, e eu o irei buscar.

Disse-lhe Jesus: Maria!

Voltando-se, ela lhe diz: Raboni (que quer dizer Mestre).

Disse-lhe Jesus: Não me toques, porque ainda não subi para o meu Pai. Porém, vai a meus irmãos e dize-lhes que eu subo para meu Pai e vosso Pai, a meu Deus e vosso Deus.

Maria Madalena foi e anunciou aos discípulos que vira o Senhor e que ele lhe dissera essas coisas. Chegada, pois, a tarde desse dia, o primeiro da semana, estando fechadas as portas da casa onde os discípulos tinham se reunido por medo dos judeus, Jesus chegou e pondo-se no meio deles, disse-lhes: A paz esteja convosco. E dizendo isto, mostrou-lhes as mãos e o lado. Alegraram-se, pois, os discípulos ao ver o Senhor. Ele disse-lhes outra vez: A paz esteja convosco. Assim como o Pai me enviou, também eu vos envio. Tendo dito estas palavras, soprou sobre eles e disse-lhes: Recebei o Espírito Santo. Aqueles a quem perdoardes os pecados, ser-lhes-ão perdoados; e aqueles a quem os retiverdes, ser-lhes-ão retidos.

Porém Tomé, um dos doze, chamado Dídimo, não estava com eles, quando veio Jesus. Disseram-lhe, pois, os outros discípulos: Vimos o Senhor. Mas ele disse-lhes: Se eu não vir em suas mãos o lugar dos cravos e não puser o meu dedo no lugar dos cravos e a minha mão no seu lado, não acreditarei. Oito dias depois, estavam os seus discípulos outra vez em casa, e Tomé com eles. Jesus veio, estando as portas fechadas, pôs-se no meio deles e disse: A paz esteja convosco.

Em seguida, disse a Tomé: Põe aqui o teu dedo e vê as minhas mãos. E aproxima a tua mão e põe-na no meu lado; e não sejas incrédulo, mas acredita.

Respondeu-lhe Tomé e disse-lhe: Meu Senhor e meu Deus!

Disse-lhe Jesus: Tu creste, Tomé, porque viste; bem-aventurados os que não viram e creram.

Muitos outros prodígios fez ainda Jesus na presença de seus discípulos, que não estão escritos neste livro. Estes, porém, foram escritos a fim de que acrediteis que Jesus é o Cristo, o Filho de Deus, e para que, crendo, tenhais vida em seu nome.

No decorrer da era que está se concluindo, os evangelhos foram amplamente interpretados a partir do nível mental e emocional; estamos agora entrando na Era de Aquário, na qual a compreensão será do espírito. Quando os homens abrirem seus corações ao espírito, compreenderão o significado espiritual dos evangelhos. O primeiro ponto, essencial para essa compreensão, é a entrega da alma ao amor de Deus. É uma tentação insistir para que a razão seja satisfeita antes que se verifique essa entrega da alma para a luz do Cristo interior, ou para a voz de Cristo, que é a intuição; no entanto, ousamos dizer que é melhor ser guiado pela intuição, pelo sentimento interior mais puro, do que sucumbir ao tentador, à mente inferior, ou à "razão fria", que pode desviar a alma do caminho celestial ou da divina inteligência. A verdade é tão simples! Contudo, as pessoas correm de um lado para o outro buscando sensações em vez de se voltarem para seu eu verdadeiro. Meu irmão, o altar de Cristo está no seu interior. Ajoelhe-se com toda a sinceridade e humildade e espere – se necessário, a vida toda; mas ajoelhe-se diante desse altar interior, entregando-se a Deus, e encontre aí a verdade.

Essa "razão fria" sempre criou controvérsias sobre a ressurreição. De acordo com os evangelhos, o corpo físico do Mestre ergueu-se da morte. Não foi esse mesmo corpo que entrou na casa onde os discípulos estavam reunidos? Tomé não colocou seu dedo no lugar onde as mãos do Mestre foram abertas pelos cravos e no seu lado, que havia sido transpassado pela lança do soldado? O que mais senão o corpo físico poderia voltar com essas cicatrizes? Onde foi parar o corpo físico se ele não levantou da sepultura? Havia os lençóis cuidadosamente dobrados e colocados de lado – um detalhe simbólico, é claro, do homem que rompeu com o revestimento terreno, ou com o da alma inferior, que deixa muitas pessoas asfixiadas por não poderem respirar o ar puro das esferas espirituais. O materialismo delas torna-as pesadas.

Interessante o fato de ter sido uma mulher, o aspecto feminino, gentil, da alma do homem, a primeira a procurar o Cristo, a primeira a reconhecer sua presença radiante. Em outras palavras, é o amor, a ternura, a gentileza – chamados de atributos femininos –, tanto no homem como na mulher, que vê o Senhor em primeiro lugar. Essa foi realmente uma manifestação espiritual, só que com algo mais, pois ele disse: *Não me toques, pois ainda não subi para meu Pai* (17). Daí pensarmos que ele apareceu no corpo psíquico (não num corpo materializado ou ectoplásmico, como às vezes se sugere); num corpo psíquico que ainda estava à espera de ser penetrado pelos átomos espirituais puros e perfeitos, os únicos que poderiam tornar essa psique eterna.

O corpo astral ou psíquico é temporal por natureza até ser purificado e receber a vida eterna pela submissão à segunda morte, quando então ele renasce no reino eterno de Deus. Assim o Mestre disse: *Não me toques, pois ainda não subi para meu Pai*. Ele não queria ter contato com nenhum mortal ou vibração material naquele momento. Depois ele apareceu na casa onde os discípulos estavam reunidos. Se esse corpo fosse físico, como ele entraria pelas portas fechadas? Estamos cientes de que existe uma lei psíquica e oculta que capacita um objeto físico a atravessar a matéria; portanto, não diremos que era impossível, mas acreditamos que nessa ocasião foi a psique do Mestre que apareceu. Ele reapareceu depois para Tomé e mais tarde para outros discípulos na estrada para Emaús, como lemos nos evangelhos.

Se concordamos que eram aparições do corpo psíquico, o que aconteceu ao físico? Acreditamos que o corpo de Jesus tornou-se tão puro que se desintegrou; isto é, tudo o que era mortal retornou para os elementos. O restante foi transmutado, espiritualizou-se, tornando-se parte do corpo elevado de Jesus.

Queremos que você compreenda que a história da crucificação e da ressurreição de Jesus foi mais do que um símbolo de vida após a morte. Foi um acontecimento real pelo qual Jesus demonstrou que o homem de Deus, vivendo uma vida pura, santa e elevada, ganha poder sobre a matéria física. Ele provou que, vivendo a vida de Deus, a alma recebe o comando dos átomos e da vida física.

Viver na Terra não significa destruir os homens, mas dar-lhes vida, vida nova, vida mais gloriosa. Os próprios átomos do corpo físico foram purificados e transmutados da matéria terrena para o espaço celestial superior, mas Jesus continuava visível e sendo ouvido pelos que o cercavam. Podemos assegurar-lhes que não há nenhuma verdade na história de que seus inimigos pegaram seu corpo e o esconderam. Jesus levantou-se em todo o seu júbilo, dando graças a seu Pai-Mãe-Deus. Os átomos da forma física foram espiritualizados, transmutados para um espaço superior. Dizemos isso sem nenhum equívoco. Jesus demonstrou a todos os homens que a verdade dessa vida nunca acaba, que o homem tem dentro dele a centelha divina que cresce gradualmente pelas muitas encarnações, expandindo-se, penetrando e controlando todos os átomos do físico.

Chega uma hora na qual o poder de Cristo ou poder solar interpenetra o corpo físico, e sua parte terrena aos poucos se afasta, morre – o pó volta ao pó, as cinzas às cinzas. Essas palavras não se referem apenas à desintegração do corpo físico que você conhece e ama, mas ao afastamento gradual desses átomos que são da Terra. No entanto, há átomos espirituais que entram ao mesmo tempo no corpo físico e gradualmente o recriam, fazendo dele um corpo de luz, um verdadeiro corpo solar, que em vez de estar sujeito a doenças e à decomposição, entra na vida eterna. "Eu lhes darei a vida eterna!" Este é o significado real do que Jesus disse, e a verdade de todos os tempos. O corpo do homem será revivificado, recriado, glorificado pelo Logos Solar. Portanto não haverá mais morte, não mais lamúrias e ranger de dentes, não mais tristezas, pois o homem terá entrado na glória plena de seu ser, no que foi planejado para ele quando o mundo começou; o homem terá entrado na Terra prometida.

Acreditamos que, no final, o corpo do homem perfeito será abandonado quando ele estiver pronto, e desaparecerá. Não será decomposto pois não haverá nenhum mal capaz de provocar a decomposição. Ele voltará aos elementos.

Nosso último ponto é um dos que suscitam muita controvérsia. Ele tem a ver com os versículos onde Jesus transmite a seus discípulos autoridade para perdoar os pecados; a partir disso, a Igreja assumiu que seus padres têm poder para perdoar os pecados dos penitentes.

Jesus disse-lhes novamente: A paz esteja convosco. Assim como o Pai me enviou, também eu vos envio. Tendo dito estas palavras, soprou sobre eles e disse-lhes: Recebei o Espírito Santo. Aqueles a quem perdoardes os pecados, ser-lhes-ão perdoados; e aqueles a quem os retiverdes, ser-lhes-ão retidos (21-2). Jesus soprou sobre eles. Em outras palavras, instilou nos discípulos a luz espiritual, a vida, a verdade. Ele fez com que absorvessem dele a magia do amor divino. Só o amor divino pode conceder esse poder de alma para perdoar os pecados ou débitos kármicos, apenas ele. A lei do karma governa a vida humana, e se você retiver vingança contra alguém que o maltratou, estará acorrentado aos pecados desse irmão; isso fará com que um débito kármico permaneça por eras pois (como uma bola) o débito mantém-se em desenvolvimento, entre vocês. Se uma pessoa o maltrata e você fica com raiva, inconscientemente está retendo um desejo de vingança em sua alma. Você pode esquecer isso na hora, mesmo assim isso continua a amarrá-lo à pessoa. Ao reencarnar, vocês novamente se encontrarão. Possivelmente, você pagará seu débito maltratando essa alma pois, no passado, ela o maltratou. É assim que a lei kármica funciona – vai de um lado para o outro. Eu o firo, você me fere – e assim por diante, talvez por muitas vidas; enquanto isso continua, as duas almas se mantêm acorrentadas uma à outra.

O único meio pelo qual um pecado pode ser perdoado ou apagado é quando uma das partes perdoa seu inimigo. Do começo ao fim do evangelho vemos que o Mestre Jesus tinha o poder de olhar para o karma dos homens e ver os débitos que eles deviam aos outros e os que lhes eram devidos. Ele ofereceu a todos a oportunidade de apagar esse karma. Embora Judas tenha prejudicado o Mestre, ele o perdoou, atraindo o karma de Judas para si mesmo. Novamente, as últimas palavras pronunciadas por Jesus na cruz, foram: *Pai, perdoai-os; porque eles não sabem o que fazem* (Lc. 23:34).

Este é o segredo da remissão dos pecados. Jesus *soprou sobre eles*, ou o espírito de Cristo instilou o amor divino no coração deles, um amor que capacitou a quem o recebeu a perdoar seus inimigos. É assim que o espírito de Cristo limpa os pecados da alma.

Seja agradecido e viva para servir a seu irmão e para soprar sobre ele o amor divino do Cristo dentro do seu coração.

21

A Vida de Serviço

Não apenas nas palavras que falamos você encontrará a verdade, mas na resposta que toma vida em você quando as ouve ou lê. Gostaríamos que sentisse também a combinação entre os mundos, entre o homem e o mundo dos espíritos; que se tornasse consciente dos seres angélicos que emitem raios cósmicos sobre você, quando você aspira ao céu e à verdade, vivificando as vibrações de sua alma e a luz interior. Nós do mundo dos espíritos voltamos à Terra para orientar e encorajar nossos irmãos, e há alguns na Terra, ainda vinculados ao corpo físico, que podem elevar-se para o plano do espírito a fim de ajudar aqueles que recentemente foram liberados da Terra. Portanto, há uma bela combinação entre a Terra e o mundo dos espíritos, uma interpenetração de vida e auxílio. Gostamos de servir, pois como podemos desfrutar do céu enquanto seres amados ainda precisam da nossa ajuda na Terra? Servimos porque amamos. Esta é a nossa felicidade.

Vamos ler agora o vigésimo primeiro capítulo do evangelho e buscar sua interpretação interior.

(21:1-25) *Depois disto, Jesus manifestou-se outra vez aos seus discípulos, junto do mar de Tiberíades. Manifestou-se assim: Estavam juntos Simão Pedro e Tomé, chamado Dídimo, e Natanael, que era de Caná da Galiléia, os filhos de Zebedeu e outros dois dos seus discípulos.*

Simão Pedro lhes disse: Vou pescar. Responderam-lhe: Também nós vamos contigo. Saíram e subiram logo ao barco e naquela noite nada apanharam. Chegada a manhã, Jesus estava de pé, na praia; mas os discípulos não sabiam que era Jesus.

Então Jesus lhes disse: Filhos, tendes alguma coisa para comer? Responderam-lhe: Não. E ele lhes disse: Lançai a rede para o lado direito do barco e encontrareis. Lançaram-na, pois, e já não a podiam tirar por causa da grande quantidade de peixes. Então aquele discípulo a quem Jesus amava disse a Pedro: É o Senhor. E Simão Pedro, ao ouvir dizer que era o Senhor, cingiu-se com a túnica (porque estava nu), e lançou-se ao mar. Os outros discípulos foram com o barco (porque não estavam distantes da terra, mas à distância de perto de duzentos côvados), arrastando a rede cheia de peixes. Logo que saltaram em terra, viram ali umas brasas acesas, e um peixe posto em cima delas, e pão.

Disse-lhes Jesus: Trazei alguns dos peixes que apanhastes. Simão Pedro subiu, então, ao barco e arrastou a rede para terra, cheia de cento e cinqüenta e três peixes grandes. E, sendo tantos, a rede não se rompeu. Disse-lhes Jesus: Vinde comer.

E nenhum dos discípulos ousava perguntar-lhe: Quem és tu?, porque sabiam que era o Senhor. Aproximou-se Jesus, e tomou o pão, e deu-lhe igualmente o peixe.

E esta foi a terceira vez que Jesus se manifestou aos seus discípulos, depois de ter ressuscitado dos mortos.

E depois de terem comido, disse Jesus a Simão Pedro: Simão, filho de Jonas, amas-me mais do que este?

E ele lhe disse: Sim, Senhor, tu sabes que eu te amo.

Disse-lhe Jesus: Apascenta os meus cordeiros. Disse-lhe outra vez Jesus: Simão, filho de Jonas, tu me amas?

Ele lhe disse: Sim, Senhor, tu sabes que eu te amo.

Disse-lhe Jesus: Apascenta as minhas ovelhas. Disse-lhe Jesus pela terceira vez: Simão, filho de Jonas, tu me amas?

Entristeceu-se Pedro porque pela terceira vez lhe perguntou: Tu me amas? E disse-lhe: Senhor, tu sabes tudo; tu sabes que eu te amo. Disse-lhe Jesus: Apascenta as minhas ovelhas. Em verdade, em verdade te digo: quando eras mais moço, cingias-te a ti mesmo e andava por onde desejavas; quando fores velho, estenderás as mãos e outro te cingirá e te levará para onde não queres. Disse isso para indicar com que tipo de morte havia Pedro de dar glória a Deus. Tendo falado assim, disse-lhe: Segue-me.

Pedro, voltando-se, viu que o seguia aquele discípulo que Jesus amava, aquele que na ceia se reclinara sobre o seu peito e perguntava: Senhor, quem é que te vai entregar? Por isso Pedro, vendo-o, disse a Jesus: Senhor, e deste, que será?

Disse-lhe Jesus: Se eu quero que ele permaneça até que eu venha, que te importa? Segue-me tu.

Divulgou-se logo entre os irmãos esta notícia de que aquele discípulo não havia de morrer. Não lhe disse Jesus que ele não morreria mas: Se quero que ele permaneça até que eu venha, que te importa?

Este é o discípulo que dá testemunho destas coisas e foi quem as escreveu; e sabemos que o seu testemunho é verdadeiro. Há, porém, muitas outras coisas que Jesus fez, as quais, se fossem escritas, uma por uma, creio que o mundo não poderia conter os livros que se escreveriam.

Durante todo o seu ministério, o Mestre recorreu continuamente ao símbolo do pão e do peixe.

Nossa esperança é que tenha ficado claro o modo pelo qual a ressurreição do corpo de Jesus se efetuou: seus elementos haviam se tornado tão puros pela luz e pelo amor de Cristo manifestado neles que não permaneceram para entrar em decomposição, como num corpo comum. Foi o verdadeiro corpo de Cristo elevado que se manifestou aos discípulos.

Lembre-se, os discípulos tinham passado por uma provação terrível; tinham visto o Senhor sendo preso e crucificado, e esses fatos haviam deixado a impressão de que com toda a sua glória e grandeza ele não conseguira se salvar de seus inimigos; portanto, os discípulos estavam desgostosos e desiludidos.

A despeito de tudo o que Jesus ensinara, eles ainda estavam envoltos em seus eus pessoais, cientes principalmente de suas necessidades físicas. Assim, quando o Mestre foi morto, perderam a fé, voltaram para onde tudo havia começado, com a atenção centrada em coisas práticas tais como os meios de subsistência. Freqüentemente acontece das almas serem elevadas a um estado de êxtase espiritual; então surgem alguns problemas; a fé é destruída e os céus parecem de bronze. Este é um teste supremo de firmeza e sinceridade pelo qual não conseguem passar. Elas dizem: "Eu confiei, acreditei, pensei que estava seguindo o Mestre e isso de nada adiantou, tudo deu errado! Não tenho mais nada a ver com religião."

Era exatamente desse modo que os discípulos sentiam; e assim eles foram ao mar para apanhar seu sustento, inconscientes de que o Mestre estava com eles o tempo todo, e de que, na verdade, necessitavam mesmo era de alimento espiritual. Antes, seus espíritos haviam sido continuamente sustentados por ele; agora eles tinham sido abandonados – assim como você também será abandonado algum dia, do mesmo modo como você será deixado sozinho quando chegar o momento do seu grande teste. O que acontecerá então? Você seguirá o espírito ou voltará para o terreno?

O mar, a água, são sempre os símbolos da alma. O peixe é símbolo do alimento espiritual. O Mestre sabia exatamente do que os discípulos necessitavam. No seu grande amor, eles se manifestou a eles novamente a fim de lhes dar o alimento de que tanto precisavam. E quando ele foi reconhecido, de pé na praia, Pedro impulsivamente se atirou na água, tão ardente era a sua vontade de chegar até o Mestre.

Você notou que Jesus fez a mesma pergunta a Pedro três vezes? Como Pedro o negara três vezes, Jesus o testou três vezes. *Amas-me mais do que este*?, ele perguntou. *Tu sabes que eu te amo* (15). Mas Jesus estava ciente de que Pedro ainda não havia compreendido o significado do amor. Provavelmente, Pedro sabia tudo sobre o amor na sua mente, mas ainda não havia absorvido o amor de Cristo no seu ser. Isso geralmente acontece; as pessoas sabem tudo sobre as verdades esotéricas com suas mentes mas, por ainda não conseguirem *sentir* o amor, por não saberem o que significa amar, não reconhecem a verdade. Amar significa entregar tudo a Deus numa doação completa, numa expansão de todo o ser.

Jesus disse-lhes para lançar a rede do lado direito do barco – em outras palavras, recomendou: "Procurem o alimento espiritual no caminho direito." Se você trabalhar apenas pelo bem-estar do corpo, não ganhará nada; se buscar apenas pelo intelecto, ficará desapontado. Mas se lançar sua rede do lado direito, no caminho direito, ela virá repleta com toda a substância de que você necessita, e mesmo assim não se romperá.

Vem a seguir um ponto interessante. É-nos dito que o Mestre havia preparado as brasas para assar os peixes. Do modo como a história é contada por João, isso parece natural; o Mestre estava lá esperando para receber seus amigos, aguardando-os, com o fogo aceso, para a refeição de todos. Mas será que Cristo não havia preparado um fogo espiritual, um fogo divino para seus discípulos? Em outras palavras, ele não estaria avivando dentro deles o fogo divino do amor? Quando o coração deles foi aberto, quando o fogo divino foi aceso no seu interior, eles estavam prontos para receber o alimento divinamente preparado para eles. Então, afinal, suas almas famintas ficaram saciadas.

Depois de passarem por essa experiência, por essa revelação, viver para si mesmos e para o próprio conforto material e satisfação não podia mais contentar os discípulos, pois, afinal, eles sabiam do que precisavam. Os que abandonam o caminho espiritual por se sentirem deserdados, por se desiludirem, continuam tendo para sempre a mesma fome espiritual. Eles têm de voltar atrás, não podem deixar de voltar atrás. *Tu me amas? Sim, Senhor, tu sabes que eu te amo. Apascenta os meus cordeiros... Apascenta as minhas ovelhas* (15-17). Três vezes o Mestre perguntou a Pedro, de modo que, quando chegasse a hora, Pedro não vacilasse.

E então Pedro vê o discípulo amado seguindo Jesus e pergunta: *E deste, que será*? (21). Por que Pedro perguntou desse modo? Jesus lhe respondeu: *Que te importa?* Isso parece muito simples; mas o significado interior para todos nós é esse mesmo. Jesus nos diz com efeito: "Faça o seu trabalho. O que seu irmão tem a fazer não lhe diz respeito."

À primeira vista, parece difícil entender isso, pois, por outro lado, nos é recomendado para aliviar a carga de nossos irmãos, para ajudar nossos irmãos, para nos preocuparmos com o seu bem-estar.

Contudo, as duas injunções podem ser equilibradas de uma maneira simples e fácil. Elas significam que ao mesmo tempo que devemos ter um interesse pelo bem-estar do nosso irmão, não devemos interferir em seus assuntos íntimos. Embora prontos para ajudá-lo, ele é que nos deve chamar; não podemos tentar limitá-lo. Ele tem de seguir o seu caminho, sob o comando dos grandes senhores do homem. *Se eu quero que ele permaneça até que eu venha, que te importa?* (22). Não devemos julgar o outro, ele tem sua própria tarefa a cumprir.

Há outra interpretação mais profunda, para a qual chamamos a sua atenção. Acreditamos que quando Jesus disse: *Se eu quero que ele permaneça até que eu venha, que te importa?* – estava mostrando que João não era apenas um homem, mas o representante da alma que permanecia na Terra até que a vida divina, a luz, o Filho, viesse reunir seus amados retirando-os das trevas. As almas que não podem responder ao fogo divino quando ele vem, devem esperar até que a luz chegue novamente num novo círculo.

Viemos para trazer-lhe o conhecimento que podemos para ajudá-lo a purificar a alma. Não se satisfaça em ser levado pela correnteza da vida. Trabalhe continuamente pela purificação da alma. Responda a essa luz que brilha em você, a qual o estimula a purificar o pensamento e a vida, a ser agradável, a conhecer os mundos superiores, a sabedoria da alma.

A igreja de São Pedro foi construída sobre a Terra, erguida pela mente do corpo sobre uma rocha. A mente pode entender os ensinamentos da igreja de São Pedro. Mas essa que virá na nova era, a Era de Aquário, da fraternidade, é a igreja de São João, que representa a alma, a psique, na qual alma e corpo serão iluminados, transmutados por Cristo, o Filho.

O Evangelho de São João contém os ensinamentos místicos de todas as eras, com um contorno velado mas claro para o iniciado. Ele estabelece um código de conduta que o iniciado não pode deixar de seguir. Não é uma questão de "Você tem de ser bom... você deve amar seus semelhantes", pois quando a iluminação vem há apenas um meio possível de viver, e esse meio é pelo amor espontâneo, pela bondade, pela gentileza, não apenas com os nossos irmãos humanos, mas com os nossos irmãos menores, os animais, e, por fim com todas as coisas criadas.

A vida e o ministério de Jesus contados por São João são a história simbólica da vida do homem na Terra, do seu desenvolvimento espiritual e, se quiser usar a palavra, da sua redenção. Todo homem, mulher e criança é a centelha divina, a vida; e o sangue vital do espírito do homem é o Filho, o Criador. Na jornada do homem pela vida, ele tem de aprender a verdade suprema da vida, que nele há dois aspectos: o material ou terreno, a parte humana; e o espiritual, o Cristo. Todo o mundo, mais cedo ou mais tarde, terá de aprender essa lição indicada pelo que foi tirado do sangue, *o sangue de Jesus Cristo, seu Filho, que nos limpa de todo o pecado*. Não é o sangue físico. É o que foi tirado do sangue do coração espiritual. Enquanto a alma trabalha arduamente nas trevas da Terra, enquanto a alma se esforça para elevar-se até a liberdade espiritual, o homem está sofrendo porque existe sempre essa força de tração, esse cabo de guerra entre o eu superior e o inferior.

"Bebam", disse o Mestre, "tomem este cálice e bebam em memória de mim." O que isso significa, meu irmão? Que você deve pegar e beber o cálice da vida e da experiência humana, por mais amargo que possa ser. Aceite-o. Aprenda a aceitar, pois ao pegar o cálice e beber, lembrando-se do Cristo em você, sua aceitação significa que você está sendo redimido pelo espírito do Cristo interior. Diga: "Em nome de Cristo, a luz suprema, o Filho perfeito de Deus, eu aceito o meu karma; bebo o cálice, e que as forças vitais de Cristo preencham todo o meu ser, e meus erros passados são lavados pela água." Por que essa limpeza acontece? Porque com a aceitação do cálice, a visão é clareada e a alma vê seus erros passados, e tendo-os compreendido, vivenciado, eles se acabam.

O karma é a lei de Deus, uma lei cósmica que não pode ser alterada. Mas quando a alma passa pela experiência do que chamamos de "mal" ou "karma ruim", ela tem a oportunidade de pagar os débitos, de se redimir de seus pecados. A alma só pode redimir-se dos pecados pela aceitação de sua culpa. Não é (como antigamente se supunha) o fato do Mestre Jesus ter sido crucificado que nos redime de nossos pecados. É o fato de que nós mesmos, na vida física, estamos sendo crucificados pelo nosso karma; e quando o eu inferior é purificado pelo eu superior ou eu de Cristo, os pecados passados são limpos.

Falamos como um igual. Nós *somos* iguais a você, meu irmão, porque sofremos como você sofre. O amor nos dá compreensão, nos faz sentir por você, nos faz sentir como você sente. Nós sentimos por você, nós o compreendemos, absorvemos de você os seus desgostos. Mas os seus sofrimentos não nos pesam, pois o amor é o transmutador divino. O amor, como você aprendeu, é a alquimia que transmuta o metal comum da Terra, a dor e as paixões terrenas. O amor transmuta tudo isso, absorve-o em si mesmo, transforma-o em ouro puro.

Quando dizemos que sofremos com você é porque nos identificamos com as suas experiências; mas nós as absorvemos de você e as transmutamos. É por isso que após o contato com seu mestre você se sente revigorado, e sabe que tudo está bem; pela meditação e comunhão ele traz a luz e o amor de Deus que reina supremo no estado celestial, elevando, fortalecendo e abençoando você. Mas é preciso que você aprenda consigo mesmo a receber o cálice e a transmutar as tristezas e sofrimentos da sua vida terrena. O Cristo em você tem de transmutá-lo e redimi-lo; então o eu inferior desaparece e não tem mais poder sobre a sua pessoa. Jesus, o Cristo na cruz, demonstrou essa verdade cósmica ao mundo inteiro. A crucificação traduz a rendição do homem a Deus, ao Pai celestial. Lembre-se disso, seja o que for que você esteja suportando no momento. Pode ser uma crucificação menor, mas ela é, na verdade, a salvação de sua alma; o seu eu superior ficará muito mais próximo como um resultado da remissão de seus pecados.

Essa é a verdade que todo iniciado aprende. Não importa a que religião ou crença ele pertença, todos se verão face a face com essa oportunidade de atingir o superior. O poder divino do amor será o seu salvador.

Chamamos novamente a sua atenção para a traição de Judas a Jesus. Judas também mora em todo homem. Dentro de todos nós está o Judas que trai nosso Senhor. Mas Jesus, que deve ter sentido muita indignação, apiedou-se de Judas e o perdoou. Ele o amava. Ele atraiu o karma de Judas para si porque podia perdoá-lo e dar-lhe o amor que extinguiria o karma.

Em outras oportunidades, dissemos que manter uma animosidade ou rixa – não importa se com a própria família, com a família do mundo, ou entre nações – só pode terminar de um jeito: com a destruição. Esta é a lição vital que o mundo de hoje precisa aprender. Conhecemos os muitos argumentos que vêm à sua cabeça – como é impossível, por exemplo, uma nação perdoar a outra, ou mesmo uma pessoa que tenha uma reclamação justa contra outra, sentir disposição para perdoar. Mas, meu irmão, essa é uma lei cósmica da qual nenhuma alma, nenhum país consegue escapar. É preciso perdoar, pois do contrário a alma não pode ser redimida. Sem o perdão, os pecados não são limpos; mas quando a pessoa ou nação bebe o cálice, aceita-o, admite a falta, então o homem ou nação é salvo e libertado do karma que o prende.

Que a tônica principal de todo pensamento e ação seja a bondade e o amor. Este é o significado da remissão dos pecados pelo Senhor Cristo, a luz, o Filho do Criador, o Pai-Mãe. Quando essa verdade for compreendida, os homens se tornarão uma vez mais unidos a Deus, e a Santíssima Trindade, o Pai-Mãe-Deus, estará completa. A luz brilhará sobre a Terra e o homem subirá aos céus; a forma perfeita da sexta ponta da estrela, a base de toda criação, uma vez mais manifestar-se-á na Terra em toda a sua glória. As encarnações do homem cessarão e ele entrará em esferas de vida mais gloriosas e felizes.

Ó Deus, que o mundo faça depressa o seu caminho de evolução espiritual e chegue rápido ao novo dia dourado de felicidade, beleza e amor que dispuseste para o homem, Teu filho.

APÊNDICE

Os textos abaixo são ensinamentos de White Eagle, a maior parte subseqüente às mensagens originais, que ampliam um ou dois pontos particulares do comentário principal. Sentimos que eles eram maiores do que a exigência da narrativa permitia, mas temos certeza de que os leitores encontrarão neles algo de útil.

BATISMO (referente ao Capítulo 1)

Como em todas as cerimônias, o significado esotérico do batismo se perdeu, associado à idéia de que as crianças nascem neste mundo físico em pecado, e portanto que a entrada delas no reino de Cristo é negada a menos que sejam batizadas, limpas desse pecado original que as trouxe ao nascimento. Esse conceito surgiu e persistiu a partir da história mal-interpretada da queda do homem – uma história simbolicamente maravilhosa mas que agora chegou quase ao ridículo pela análise da mente terrena do homem.

Vamos nos aprofundar um pouco mais. Quando a alma faz a passagem pela morte, carrega consigo um certo resíduo, mesmo depois da passagem purificadora pelas esferas do purgatório; esse resíduo – se quiser, podemos chamá-lo de átomo em semente – é reincorporado ao se formar o novo veículo para a próxima vida na Terra. Assim, certas características, necessidades e desejos são transmitidos para a alma renascida, e tomam uma parte importante na vida vindoura na Terra. Esses desejos e necessidades podem ser auxiliados, purificados e limpos pela elevação dos veículos internos – esses corpos mais sutis agora encarnados no físico.

A cerimônia de batismo marca uma época importante no crescimento e evolução. Jesus firmou o exemplo. João Batista foi o precursor, um alto iniciado enviado para preparar o caminho para a vinda do condutor da luz do mundo. A missão de João foi chamar o povo para o batismo, a fim de ser limpo e receber o poder do Espírito Santo. Parece claro que o Mestre Jesus compreendeu totalmente a missão de João – um importante ponto a ser lembrado, pois Jesus recebeu a tarefa de inverter o arco da evolução para cima. O batismo em si enfatiza uma profunda verdade interior, como ficou demonstrado pelo imenso poder que veio sobre o Mestre, o símbolo da pomba descendo sobre ele, e a voz bradando: *Este é o meu filho amado, no qual pus as minhas complacências* (Mt. 3:17).

Naquele momento, o corpo físico e todos os corpos mais sutis do Mestre Jesus entraram em contato com o que é conhecido por Espírito Santo. O significado é a união do Homem com Deus, e nenhum outro.

JULGAMENTO (referente aos Capítulos 5 e 8)

Falou-se que no mundo do espírito tudo é plano e claro. Mas na Terra você olha como que através de um vidro sujo que distorce a alma do homem; entretanto, quando você se livra do corpo, vê-se face a face, vê a si mesmo como num espelho. Este é o verdadeiro julgamento. Antigamente, a ortodoxia ensinava que você ficaria diante de um juiz responsável pela sua condenação ao inferno ou elevação ao céu. Este é o ensinamento da antiga ortodoxia cristã. Mas podemos mostrar-lhe o que realmente acontece ao homem em espírito quando ele deixa o corpo e todas as coisas terrenas? Ele é cuidado com muita ternura. Não é julgado nem condenado. É levado no devido curso no templo do Santo Graal, e por toda a volta do templo, as paredes são de espelhos. Dizem ao homem para ele olhar-se nesses espelhos, e ele vê quadros dele mesmo, em movimento, como é na verdade. Ninguém o julga; ele mesmo se julga, pois vê claramente, triste e agradecido, o que ele é e como se comportou em sua vida na Terra. Este é o julgamento, este é o momento da escolha entre o céu e o inferno; pois se essa alma aceita com humildade a lição tão belamente mostrada a ela, vê não apenas o eu escuro, mas também o eu sagrado, seu verdadeiro eu, e toca sua verdade, seu eu celeste. Ela vai para o céu não apenas porque vê o bem nela mesma, mas porque vê o bem em todos os seus companheiros. Porém, se rejeita a verdade que lhe está sendo mostrada, ela mesma estará escolhendo a escuridão que está no plano astral, para onde sua alma vai por algum tempo.

MENTE (referente ao Capítulo 10)

(Em todas as argumentações sobre o caminho para o aprisco, White Eagle parece distinguir o caminho verdadeiro, o caminho do amor, do caminho da mente, o "destruidor do real". Em outra passagem ele disse:)

O tempo todo, a mente está ávida por discutir e testar tudo o que lhe é dito. Há, contudo, muitas coisas que o ansioso cérebro físico nunca consegue compreender pois, em si mesmo, não é um instrumento eficiente. O homem precisa de algo mais do que o intelecto para entender os mistérios.

O homem de intelecto brilhante acaba encontrando-se num beco sem saída, pois não consegue fazer nenhum progresso futuro, a menos que tenha também um coração de criança e possa voltar ao início, e começar como uma criancinha, simples e confiante.

O homem se interessa muito pelas palavras. Ele gosta do estímulo e do interesse mental, mas logo se esquece. Só no silêncio profundo, na meditação e contemplação diante do trono de Deus é que o homem cresce em direção a Deus. É na meditação e na contemplação das qualidades do Pai e da Mãe divinos que ele evolui para os Pais divinos, em espírito, em estatura espiritual até que, afinal, torna-se o filho perfeito de Deus.

O homem perdeu muito com o materialismo ocidental. Perdeu sua alma verdadeira com o desenvolvimento de seu corpo mental. Pela atividade excessiva da mente, o coração é negligenciado até surgirem o sofrimento e a dor física. Então o intelecto poderoso e ávido não consegue suprir com nada que amenize a dor ou conforte a tristeza e a solidão. Só uma coisa pode manter o homem na hora da sua necessidade. É a luz que brilha do alto da montanha para o coração do homem, e traz com ela uma verdade que abre os seus olhos; então ele aprende a partir do lugar para onde está caminhando. Isso traz esperança e alegria para o homem triste. A pequena semente, a jóia preciosa dentro do lótus do coração, vivifica e cresce. É por isso que dizemos sempre que a meditação é de suprema importância se você quer desenvolver a verdadeira luz. Os livros são todos muito bons; estudar as religiões pode ser útil, as ginásticas mentais podem ser excitantes, mas elas não lhe dão o que essa luz interior pode dar. Contudo, concordamos que o desenvolvimento do intelecto, quando inspirado e dirigido por essa luz interior, conduz a um poder maior de compreensão e vivifica a inteligência. Repetimos, no entanto, que é essencial para a alma olhar para cima e aspirar; em outras palavras, empenhar-se em desenvolver a semente ou luz interior, que é a verdadeira luz de Deus.

Isso tem sido chamado de voz da consciência. As pessoas a negligenciam. Estão ocupadas demais. Se elas lessem suas escrituras saberiam que toda vez que um homem de Deus buscou a comunhão com Deus, a inspiração em Deus, subiu numa montanha. Quando Moisés chamou por Deus, subiu ao Monte Sinai e lá recebeu os Dez Mandamentos. Jesus subiu a uma montanha e, quando se sentou, os discípulos chegaram, e ele abriu a boca e ensinou a eles. Todos os mestres, em primeiro lugar, elevam a consciência de seus discípulos. Os discípulos não podem permanecer no nível da Terra; eles sobem para um estado superior de consciência. Somente nesse nível superior é possível receber a verdade sagrada. Você só pode estar em sintonia se estiver acima da Terra.

GUERRA (referentes aos Capítulos 18 e 3)

(O décimo oitavo capítulo do Evangelho fala de como Pedro levantou a espada e feriu um dos soldados que foram prender Jesus no Jardim de Getsêmani. O comentário que vem a seguir é que, se Pedro não tivesse rompido a lei do amor usando uma arma num ato de retaliação, os poderes espirituais em torno de Jesus teriam sido suficientes para proteger a ele e aos seus discípulos. O ensinamento sobre o Evangelho de São João foi dado durante a Segunda Guerra Mundial, e naturalmente surgiu a pergunta: "Os jovens soldados que têm sido compelidos a lutar em autodefesa e em defesa dos outros também estão pecando por romper a lei do amor?" A resposta de White Eagle foi:)

Os homens que foram lutar assim o fizeram principalmente por acreditar que estavam agindo corretamente. De acordo com sua compreensão, fizeram um sacrifício e receberão a bênção correspondente. Mas isso não altera a lei espiritual do amor e da fraternidade. A alma pode se sacrificar mesmo quando errada. Em cada caso, é oferecida uma oportunidade para se ter os olhos abertos e, assim, compreender melhor a lei espiritual. Essa lei, contudo, permanece: o homem deve amar a seu irmão.

A vida tornou-se caótica porque o homem, em primeiro lugar, desceu das alturas e rompeu a lei do amor, criando assim para ele mesmo um karma terreno ou coletivo, um karma de que todos nós compartilhamos e que temos de encarar numa hora ou outra. Como resultado, o mundo como um todo, a alma do mundo, aprenderá e os homens não serão mais confrontados por uma situação na qual parece que eles não podem fazer nada a não ser lutar. Há casos individuais, mesmo agora, nos quais homens e mulheres parecem manter-se acima do conflito, de modo a não serem chamados para lutar – este novamente é o resultado do karma deles mesmos. Não pode haver nenhuma injustiça na lei que está funcionando em cada vida individual. Ninguém pode interferir no funcionamento da lei kármica, mas nós do mundo espiritual trabalhamos sem cessar para curar as feridas que se seguem, para trazer a paz, a luz e o conforto aos nossos irmãos. Individualmente, a alma desses homens e mulheres apanhados na batalha recebe a recompensa e a bênção de acordo com o grau de sacrifício de cada um deles e com o motivo que os impeliu.

Em defesa dessas pessoas nos lembramos de que Jesus disse: *Ninguém tem amor maior do que este: dar a sua vida pelos seus amigos* (Jo. 15:13).

Essas palavras expressam a lei do amor; e quando o homem dá a si mesmo abnegadamente para o que ele pensa que é a lei do amor, sua dádiva é de fato um sacrifício e ele recebe a bênção. Jesus, porém, não quis se referir apenas à entrega da vida mortal, mas à renúncia suprema do eu para que os outros possam receber o bem. Essas verdades devem ser interpretadas no plano espiritual. A materialização da verdade espiritual é um erro continuamente executado. Até mesmo a igreja ortodoxa tende a ajustar tudo a algum conceito material. Devemos buscar a compreensão espiritual de modo a viver do espírito e reconhecer que a vida baseia-se nos valores espirituais antes de entrarmos no reino da felicidade.

A MENTE SILENCIOSA

White Eagle

Este livro surgiu em resposta às muitas solicitações de uma compilação das palavras de *White Eagle,* escolhidas para nos guiar nos problemas do dia-a-dia e em todas as circunstâncias da vida.

Nele, *White Eagle* não nos fala de remotas alturas, mas como alguém que trilhou os nossos caminhos nas muitas e muitas vidas que passou na Terra. Seu testemunho tem autoridade, e é repassado de compreensão e de um real e terno amor.

As sábias considerações de *White Eagle* comentam, aqui, o pensamento central da obra que, parafraseando o apóstolo São Paulo quando discorre sobre a caridade, afirma: *"A alma do Mestre é constante; é benevolente, amorosa, afável; é calma, silenciosa e inabalável; é resoluta no servir; é sábia nas palavras e na ação; é um esteio de força e de luz; não guarda ressentimentos; é paciente, confia na bondade de Deus e em seu plano perfeito."*

EDITORA PENSAMENTO

Outras obras de interesse:

A MENTE SILENCIOSA
White Eagle

A VOZ SILENCIOSA
White Eagle

O EVANGELHO ESOTÉRICO DE SÃO JOÃO
Paul Le Cour

JESUS – ENSINAMENTOS ESSENCIAIS
Anthony Duncan

OS MANUSCRITOS DO MAR MORTO
E.M. Laperrousaz

O REAPARECIMENTO DO CRISTO
Alice A. Bailey

O SERMÃO DA MONTANHA – Segundo o Vedanta
Swami Prabhavananda

AS VARIEDADES DA EXPERIÊNCIA RELIGIOSA
William James

O YOGA ESPIRITUAL DE SÃO FRANCISCO DE ASSIS
François Chenique

CRISTO – O AVATAR DO AMOR
Haroutiun Saraydarian

A CRUZ UNIVERSAL
Raymond Christinger e *outros*

DICIONÁRIO DAS RELIGIÕES
John R. Hinnells (org.)

OS ESSÊNIOS
Christian D. Ginsburg

A HISTÓRIA DA BÍBLIA
Hendrik W. Van Loon

O PODER DA FÉ
John L. Fitzpatrick

BUDA E JESUS
Carrin Dunne

O CRISTIANISMO ESOTÉRICO
Annie Besant

RENOVANDO TODAS AS COISAS
Henri J.M. Nouwen

A DRAMÁTICA HISTÓRIA DA FÉ CRISTÃ
J.J. Van Der Leeuw

Peça catálogo gratuito à
EDITORA PENSAMENTO
Rua Dr. Mário Vicente, 374 – Fone: 272-1399
04270-000 – São Paulo, SP